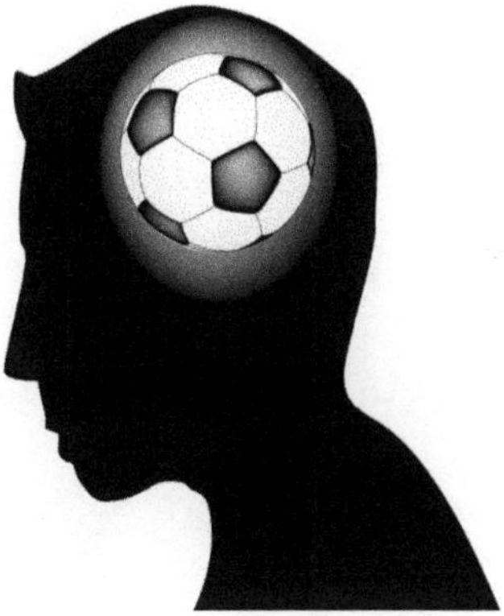

Wolfgang Schnepper

F- und E-Jugendfußball: über 180 schöne Übungen, Trainings- und Wettkampfspiele

Wolfgang Schnepper, Jahrgang 1964, Diplomsportlehrer,
Ex-Bezirksligaspieler im Fußball,
Fußballabitur mit der Note "sehr gut"
1988-89 in der deutschen Triathlonspitze,
1990 Bayerischer Meister im Body-Building,
1998 Konditionstrainer im bezahlten Fußball
2003 - 2006 Sportlehrer an einer Gesamtschule

Bibliografische Informationen der Deutschen Nationalbibliothek: Die Deutsche Nationalbibliothek verzeichnet diese Publikation in der Deutschen Nationalbibliografie; detaillierte bibliografische Daten sind im Internet über http://dnb.d-nb.de abrufbar.

©2021 Wolfgang Schnepper
Herstellung und Verlag: BoD Books on Demand, Norderstedt
Satz und Layout: Wolfgang Schnepper

ISBN 978-37526-2273-7

Inhalt

Vorwort 7

Übungen ohne Ball oder weniger fußballspezifische Übungen 8

Kettenfangen 8
Wettlauf 9
Aufwärmübung / Wurfübung / Geschicklichkeit 11
Völkerball 12
Königsvölkerball 13
Rittervölkerball 13
Brennball 14
Jägerball 15
Kastenball für die Halle 16
Prellfangspiel 17
Mini-Fußball-Übungsreihe 19
Kettenfangenvariationen 22
Zonenwächter 24
Leichte und kindgerechte Staffelreihe 25
Teamtor 27
Wettkampf mit den Delfinen 29
Befreit die Fußballer 31
Staffelwettbewerb 33
Gymnastikreifen-Fußball 34

Rein Fußballspezifische Übungen 36

Kopfballtraining, ja oder nein 36

Inhalt

Moderne Trainings- und Wettkampfspiele

Moderne Trainings- und Wettkampfspiele......................40
Weitere Wettkampfspiele / Abschlussspiele...................45
Leichte elementare fußballspezifische Grundübungen....62
Dribbel-, Finten- und Torschussübungen......................74
Literaturverzeichnis..129

Vorwort

In diesem Buch werden über 180 schöne Übungen, Trainings- und Wettkampfspiele für das F- und E-Jugendtraining vorgestellt (mit etwa zusätzlich 70 neuen Übungen gegenüber meinen bzw. unseren bisherigen Büchern über diese Altersgruppe).
Auch die modernen Wettkampfspiele werden präzise erläutert. Das Buch eignet sich für Anfänger im Trainerbereich mit elementaren Vorkenntnissen (wie zum Beispiel den Aufbau einer Trainingseinheit), als auch für erfahrene Kindertrainer.
Aus diesen Übungen können interessante, effektive und schöne Trainingseinheiten zusammengestellt werden.
Der Aufbau von Trainingseinheiten für die E- oder F-Jugend wird hier nicht mehr erläutert.
Dies wurde bereits u.a. in meinem Buch "Bambini / F-Jugend 30 komplette Trainingseinheiten / Psyche im Kinderfußball" oder "Bambini / F-Jugend 20 komplette Trainingseinheiten" von Manfred Claßen und Wolfgang Schnepper ausführlich erklärt.
In dieser genannten Lektüre wurde bereits intensiv auf die Psyche von Kindern, richtigen Verhaltensweisen, Sicherheitsmaßnahmen und Verantwortung eingegangen.
Deswegen starten wir hier direkt mit den Übungen und Wettkampfformen.

Übungen fast ohne fußballspezifischen Hintergrund

Kettenfangspiel

Die ganze Halle ist Fanggebiet. Ein Spieler ist der Fänger.
Übungsablauf:

Die Spieler verteilen sich in der Halle. Der Fänger versucht einen Spieler zu fangen. Gelingt dieses, gibt es 2 Fänger, die sich an der Hand halten müssen, um den nächsten Spieler zu fangen. Die Kette wird immer größer, bis der letzte Spieler gefangen ist.
In der Halle bereitet diese Übung den Kleinen einen noch viel größeren Spaß als im Freien. Die Übung kann bei andauerndem Spaßfaktor ruhig mehrmals gespielt werden.

Variation: Die Übung startet mit zwei Fängern und es bilden sich dann natürlich zwei Ketten. Die Kette mit den meisten Kindern hat zum Schluss gewonnen.

Übungen fast ohne fußballspezifischen Hintergrund

Wettlauf

Die nächste Übung beinhaltet eine schöne Wettkampfübung in Staffelform. Sie ist für die Halle und auch den Sportplatz gut geeignet. Sie macht den F- und E-Jugendlichen enorm viel Spaß. Es werden zwei Gruppen gebildet, die etwa fünf Meter voneinander entfernt stehen. Die jeweiligen Gruppenmitglieder stehen kurz hintereinander in einer Reihe. Vor jeder Gruppe werden jeweils vier bis fünf Pylonen oder Fahnenstangen in einem Abstand von einem Meter in einer Reihe aufgestellt. Danach werden jeweils drei bis fünf Gymnastikreifen direkt in einer Reihe aneinandergelegt. Einige Meter dahinter wird wiederum jeweils eine Pylone oder Fahnenstange hingestellt.

Ablauf: Die Startläufer jeder Gruppe laufen auf ein Startsignal hin los, Slalom durch die Pylonen oder Fahnenstangen, mit jeweils einem Fußaufsatz in die Gymnastikreifen weiter zur und um die letzte Pylone, und dann mit einem vollen Sprint zurück zum Start. Hier wird der nächste Läufer abgeklatscht, und rennt los mit der gleichen Aufgabe. Die Gruppe, die zuerst alle Sprinter wieder im Ziel hat, ist natürlich Sieger.

Beim nächsten Wettkampf müssen die Spieler einen Ball in den Händen tragen und im Ziel jeweils dem nächsten Kind übergeben, das erst dann wieder starten darf usw.

Beim letzten Wettkampf wird der Schwierigkeitsgrad noch einmal wesentlich erhöht. Nun muss der Ball Slalom durch die Fahnenstangen gedribbelt werden. Dann wird er

⚽ Übungen fast ohne fußballspezifischen Hintergrund

aufgehoben, und muss einmal in jeden Gymnastikreifen geprellt und wieder gefangen werden. D.h., der Ball wird einmal im ersten Reifen geprellt und gefangen. Nun stellt das Kind sich in den ersten Reifen, und prellt in den Zweiten. Jetzt stellt es sich in den Zweiten, und prellt in den dritten Reifen usw.

Nach dem letzten Gymnastikreifen wird der Ball auf den Boden gelegt, um die letzte Pylone oder Fahnenstange mit dem Fuß geführt, und dann zurück gedribbelt zum nächsten Läufer usw.

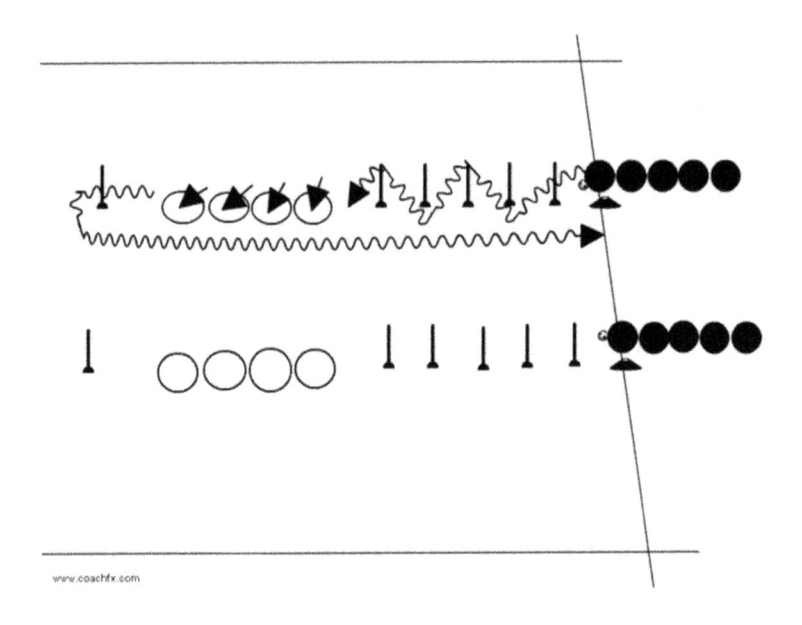

Übungen fast ohne fußballspezifischen Hintergrund

Aufwärmübung / Wurfübung / Geschicklichkeit

Wir benötigen 3 – 5 Schaumstoffbälle mindestens in Tennisballgröße. In einem begrenzten Feld versuchen sich die Kinder gegenseitig abzuwerfen. Mit dem Ball in der Hand darf man höchstens fünf Schritte laufen (Schrittanzahl wird der Menge und der Größe des Raumes angepasst) und muss dann zügig werfen. Getroffene Kinder verlassen die Spielfläche und haben nun die Aufgabe, mit den Betreuern die aus dem Spielbereich geworfenen Bälle, ins Spielfeld zurückzubefördern. Geworfene Bälle werden so schnell wie möglich aufgehoben, und wieder wird versucht, jemanden abzuwerfen. Die letzten zwei oder drei Kinder sind die Sieger. Ein absoluter Sieger wird nicht ausgespielt, weil sonst die Spieldauer zu lang und langweilig für die ausgeschiedenen Kinder ist. Die Übung wird in der Regel zwei- oder dreimal wiederholt.

Variation: Der Ball darf jetzt nur mit dem Fuß geführt und die anderen Kinder nur "abgeschossen" werden.
Achten Sie bitte hierbei auf ausreichend weiche Bälle.

Variation: Dem ballführenden Spieler, darf dieser auch abgenommen werden.

Variation: Der Ball darf nicht geführt werden, sondern muss direkt geschossen werden. Hierbei haben allerdings die Trainer, Betreuer und Spieler außerhalb des Spielfeldes sehr viel Arbeit mit der Rückbeförderung der Bälle. Die Laufarbeit ist höher als die der spielenden Kinder.

Übungen fast ohne fußballspezifischen Hintergrund

Völkerball

Die Feldgröße bestimmt sich aus Wurfkraft und Anzahl der Kinder. Am Anfang hat jede Mannschaft drei Werfer außerhalb des Feldes, je einer an der gegnerischen Grundlinie. Die Kinder, die abgeworfen wurden, gesellen sich zu den eigenen Werfern und dürfen mit abwerfen. Sind alle Kinder einer Mannschaft getroffen, müssen die drei Startwerfer ins Feld. Diese haben aber drei Leben, d.h. sie müssen dreimal getroffen werden, bevor sie ausscheiden.

Die Mannschaft, die zuerst komplett abgeworfen wird, ist der Verlierer.

Bei diesem Spiel setzen wir nur sehr weiche Bälle (z.B. Schaumstoffbälle) ein, und erhöhen die Dynamik des Spiels mit einem Einsatz von zwei Bällen gleichzeitig.

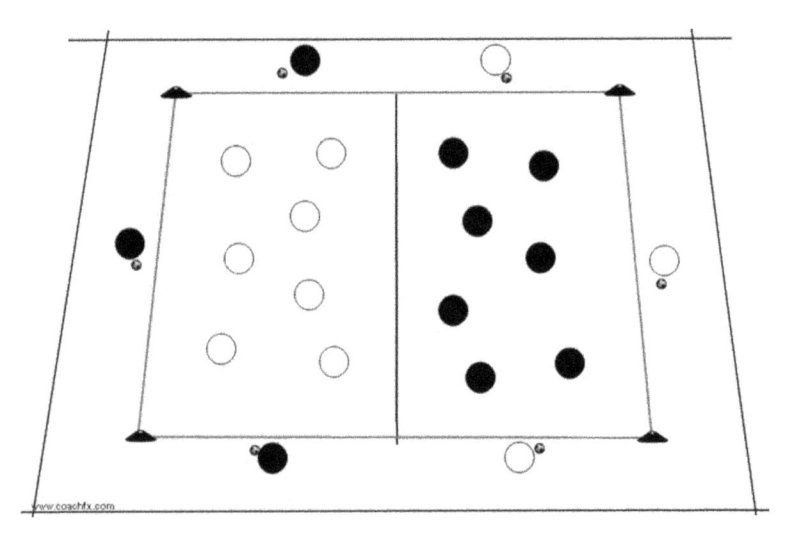

Übungen fast ohne fußballspezifischen Hintergrund

Königsvölkerball

Beim Königsvölkerball wählt jede Mannschaft geheim einen König und einen Hofnarren. Der Hofnarr hat unendlich viele "Leben" und kann nicht abgeworfen werden.
Wird der König aber getroffen, hat die entsprechende Mannschaft das Spiel verloren.

Rittervölkerball

In diesem Spiel wird zwar ein König eingesetzt, aber der Hofnarr fehlt. Der König der jeweiligen Mannschaft ist nun aber bekannt. Wird er getroffen, hat die entsprechende Mannschaft wieder verloren.
Diesmal gibt es aber vier Ritter, die mit einem Schild ausgerüstet sind (der Schild ist eine leichte Matte, fast so hoch wie die Ritter selbst / die Matte muss aus weicher Konsistenz sein, damit keine Verletzungen entstehen können).
Die Ritter beschützen nun ihren König mit dem Schild nach außen an jeder "Ecke". Wird ein Schild getroffen, muss der Ritter den Schild abgeben (z.B. an den Trainer oder die Trainerin außerhalb des Spielfeldes). Nun muss der Ritter den König mit seinem Körper verteidigen. Wird er getroffen, muss der Ritter raus und wird zum Werfer seiner Mannschaft. Wird der Ritter vor seinem Schild getroffen, müssen beide raus. Auch hier wird der Rittter zum Werfer usw. **Bei schönem Wetter und der nötigen Gerätschaften, kann das Spiel auch auf dem Sportplatz stattfinden.**

Übungen fast ohne fußballspezifischen Hintergrund

Brennball

Brennball wird mit zwei Mannschaften aus beliebig vielen kleinen Fußballern in der Halle oder auf dem Sportplatz gespielt. Als Ball nehmen wir bei den Kleinen wiederum einen weichen Schaumstoffball. Eine Mannschaft verteilt sich im Innenfeld, die andere wartet außerhalb des Feldes. Am Spielrand (zumindest an den vier Ecken) sind nun einige Pylonen oder Matten aufgestellt bzw. hingelegt.

Ein Spieler wirft den Ball ins Innenfeld und läuft los. Während er versucht, so viele Matten oder Pylonen wie möglich zu überlaufen. Die gegnerische Mannschaft versucht, den Ball so schnell wie möglich am Startpunkt in einen beliebigen Behälter zu befördern. Ein Spieler, der zum Zeitpunkt des Einwurfes des Balls in das Gefäß keine Matte oder Pylone berührt, gilt als „verbrannt". Er muss zum Ausgangspunkt zurück, oder scheidet für diesen Durchgang aus. Berührt er eine Matte, so kann er beim nächsten Wurf seines Teams von dieser Matte oder Pylone weiter in Richtung der Zielmatte oder Zielpylone laufen. Erreicht er die Zielmatte, so erhält seine Mannschaft einen Punkt.
Getauscht wird die Rolle der Mannschaften entweder nach einer vorgegebenen Zeit, wenn eine bestimmte Zahl Spieler „verbrannt" ist, oder wenn eine Mannschaft keinen Werfer mehr hat, weil alle entweder auf Matten oder an Pylonen stehen oder „verbrannt" sind. Festgelegt werden muss auch, wie viele Spieler sich gleichzeitig an einer Pylone oder Matte befinden dürfen. In der Regel lässt man drei Spieler auf der Matte zu und einen an der Pylone.

Übungen fast ohne fußballspezifischen Hintergrund

Jägerball

Bei Zombieball oder Jägerball spielt jeder gegen jeden und versucht möglichst viele Kinder abzuwerfen. Natürlich wird wieder mit einem weichen Schaumstoffball gespielt. Wer getroffen wird, muss aus dem Spielfeld gehen. Die Spielfeldgröße richtet sich nach der Anzahl der Kinder, und kann in der F-Jugend 15 m x 15m (bis zu 8 Spieler) bis zu 25m x 25m (bis zu etwa 25 Spieler) betragen. Wird der Ball aus dem Spielfeld geworfen, befördert ihn zunächst der Trainer/in ins Spielfeld zurück. Danach übernehmen dies die abgeworfenen Spieler. Wer als Letzter übrigbleibt hat gewonnen. Dies ist erst einmal die Grundvariante des Jägerballs.

Variationen

1. Es wird mit zwei Bällen gleichzeitig gespielt.

2. Die abgeworfenen Spieler müssen warten, bis ihr Schütze getroffen wird. In diesem Moment dürfen sie wieder das Spielfeld betreten und mitspielen.

3. Wir spielen Fußballzombie. Die Regeln bleiben unverändert, aber jetzt müssen die Mitspieler mit dem Fuß und dem Schuss des Schaumstoffballes abgeschossen werden.

Übungen fast ohne fußballspezifischen Hintergrund

Kastenball für die Halle

Die Kastenteile sind in diesem Spiel die Tore und werden mit einem Abstand von etwa drei bis fünf Metern zur Hallenwand waagerecht aufgestellt. Wir wählen hier die Kastenteile, die nach beiden Seiten hin offen sind. Es wird ohne Torwart gespielt. Der Ball darf nur mit den Händen gehalten werden. Mit dem Ball darf man nur drei Schritte laufen, und dann muss man abspielen oder den Ball durch den Kasten rollen oder werfen. Der Ball kann von beiden Seiten des Kastenteiles ins Tor befördert werden. Nach einem erfolgten Tor erhält die Mannschaft, der das Tor gehört, den Ball. Die Kastenteile dürfen nicht berührt werden, niemand darf sich vor das Tor legen oder unmittelbar vor das Tor stellen.

Variation: Nach dem Kastenball mit Rollen und Werfen spielen wir natürlich Kastenball nach Fußballregeln.

Übungen fast ohne fußballspezifischen Hintergrund

Prellfangspiel

Es wird ein Feld von etwa 20 x 20 Metern abgesteckt (in der Halle eine Hallenhälfte). Ein Spieler ist der Fänger, der beim Fangen und Laufen gleichzeitig einen Ball prellen muss. Berührt er einen anderen Mitspieler mit der Hand, bekommt dieser auch einen Ball und wird ebenfalls zum Fänger. Der letzte Spieler ohne Ball wird natürlich zum Sieger erklärt.

Variation:

1. Nicht der letzte Spieler ohne Ball, sondern die letzten drei nicht gefangenen Spieler haben gewonnen.

2. Nicht die Fänger prellen einen Ball, sondern die Spieler, die gejagt werden.

3. Alle Spieler prellen einen Ball.

4. Alle Variationen werden noch einmal durchgespielt, hierbei wird aber nun der Ball mit dem Fuß gedribbelt.

Übungen fast ohne fußballspezifischen Hintergrund

Fußball- und Minigolfturnier am Trainingstag in der Halle

Wir haben es ausprobiert. Organisieren Sie an einem Trainingstag ein Fußballturnier kombiniert mit einem Minigolfturnier. Der Spaßfaktor ist hier bei den kleinen Fußballern riesig. Das Turnier wird mit Betreuern / Eltern geplant. Auch dieses Turnier soll möglichst wichtig und offiziell für die Kinder erscheinen. Deswegen wird das Turnier vorher angekündigt, und die jeweiligen Mannschaften werden vorher festgelegt. Am besten besteht das Turnier aus vier Mannschaften, damit die Spielpausen nicht zu lang sind. Es hat folglich immer nur eine Mannschaft Spielpause. Zwei Teams spielen gegeneinander Fußball, eine befindet sich im Minigolfparcour, die vierte sitzt auf der Bank.

Benötigte Materialien:

- eine zweigeteilte Halle (eine Hälfte für die Fußballspiele, die andere für den Minigolfbereich)
- mehrere Minigolfschäger und -bälle
-zwei Handballtore
- mehrere Fußbälle (mindestens einen Ersatzball)
- jede Mannschaft besitzt ein eigenes Trikot
- Urkunden und Medaillen für die Siegerehrung
- ausreichend Getränke wie Wasser und Apfelsaftschorle
- mehrere Aufsichtspersonen, Betreuer und Schiedsrichter

Übungen fast ohne fußballspezifischen Hintergrund

Der eigentliche Trainer oder Trainerin ist Oberschiedsrichter/in und hat die Hauptverantwortung für das gesamte Turnier.
Bei der Siegerehrung bekommt jedes Kind eine Urkunde und eine Medaille.

Ablauf: Im Fußballturnier spielt jede Mannschaft 2 x 5 Minuten gegen jede andere Mannschaft. Die Auswertung / Punkteverteilung erfolgt hier nach den normalen Regeln. Die Anzahl der Spieler richtet sich nach der Feldgröße. Können alle Spieler eingesetzt werden, ist das umso besser, da die Spielzeit relativ kurz ist.
Sollte ein Spieler ausfallen, haben die anderen Mannschaften halt einen Auswechselspieler (permanenter fliegender Wechsel).

Jede Mannschaft durchläuft einmal auch den Minigolfparcour. Es empfiehlt sich drei bis vier Bahnen aufzubauen. Natürlich „hauen" wir keine Minigolflöcher in den Hallenboden. Am Ende einer Bahn muss der Ball in einen bestimmten Sektor befördert werden. Hier kann es sich um einen umgekippten Eimer, eine abgegrenztes Quadrat durch Stäbe (eine Seite des Quadrats oder des Rechtecks ist natürlich offen, denn hier soll der Ball rein) oder eine große Matte auf der der Ball zur Ruhe kommen soll am Ende der Bahn. Auf jeder Bahn befinden sich Hindernisse wie Pylonen, Bänder oder kleine Matten usw. Bitte macht die Bahnen nicht zu schwer, jedes Kind hat nur sieben Schläge (auch mehr kann vereinbart werden), um den Ball ins Ziel zu bringen.

Übungen fast ohne fußballspezifischen Hintergrund

Bewertung Minigolf:

Mannschaften mit den wenigsten Schlägen: 4 Punkte
Mannschaft auf Platz 2: 3 Punkte
Mannschaft auf Platz 3: 2 Punkte
Mannschaft auf Platz 4: 1 Punkte

Gesamtwertung: Punkte vom Fußballturnier und Minigolfwettbewerb werden addiert und dadurch die Gesamtplatzierung festgelegt.

Vor Beginn des Turniers hält der Trainer oder die Trainerin eine offizielle Ansprache und gibt den genauen Ablauf des Turniers bekannt.
An mehreren Stellen wird der genaue Zeitplan des Turniers und die Spielzeiten der Mannschaften angeschlagen. Eine Zeitreserve muss immer eingeplant werden, vor allem, weil die Dauer im Minigolfbereich nie genau einkalkuliert werden kann. Auch ein Informationstisch mit einem Elternteil, der über alles Auskunft geben kann, ist sinnvoll.

Nach der Ansprache bekommen die Teams genügend Zeit, sich vor Beginn des Turniers unter Aufsicht des Trainers oder der Trainerin aufzuwärmen.

Tipp: Nur die Mannschaft, die gerade im Minigolfbereich agiert, darf sich auch dort aufhalten (also natürlich mit Schiedsrichtern, die die Schlaganzahl notieren), damit keine Störungen oder „Parcourveränderungen, durch z.B. Umlaufen von Gegenständen, auftreten.

⚽ Übungen fast ohne fußballspezifischen Hintergrund

Fußball- und Fußballgolfturnier am Trainingstag in der Halle

Das Turnier hat genau den gleichen Ablauf. Der einzige Unterschied besteht nun darin, dass diesmal Fußballgolf gespielt wird. Die Golfbahnen werden hierbei mit Schießen mit dem Fuß absolviert. Hierzu werden natürlich andere Golfbahnen aufgebaut, wie Zielschießen, durch ein Kastenteil oder Mattentunnel schießen. Auch ein Slalomparcour mit Pylonen kann eingesetzt werden. Hier müssen die kleinen Fußballer allerdings den Ball durch die "Hütchen" auf Zeit dribbeln usw.

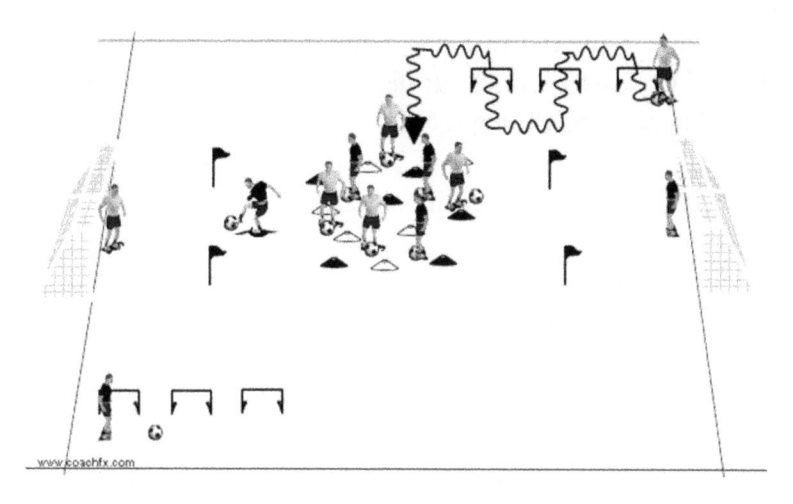

Oder wählen Sie einen Parcour wie auf dieser Abbildung, der auf Zeit durchlaufen wird. Allerdings wird ohne Torwart gespielt. Sobald der Ball ab den Fähnchen in das Tor geschossen wird, nimmt der Trainer, die Trainerin oder ein Betreuer/in die Zeit.

Übungen fast ohne fußballspezifischen Hintergrund

Kettenfangenvariationen

Die Spieler verteilen sich wiederum in dem Viereck. Der Fänger versucht diesmal nicht einen Spieler zu fangen, sondern den Ball eines Gegners abzufangen oder zu berühren (mit den Füßen natürlich). Denn jetzt führen alle Spieler außer dem Fänger einen Ball im Viereck. Gelingt dieses, gibt es 2 Fänger, die sich an der Hand halten müssen, um den Ball des nächsten Spielers zu bekommen. Die Kette wird immer größer bis sie den letzten Spieler mit Ball erwischt hat. Spieler, die sich der Kette anschließen müssen, befördern natürlich ihren Ball aus dem Spielfeld.

Achtung: Wird es für die Kette zu schwierig, weitere Bälle zu berühren, werden die verbleibenden Spieler mit Ball zu Siegern erklärt. Dies gilt auch für die nächsten Variationen des Spiels. Die nächste Übung folgt.

Variation: Jetzt gibt es nur einen Ball im Spielfeld, den die Spieler sich gegenseitig in der Bewegung zuspielen sollen. Alle anderen Regeln bleiben unverändert. Der Ball bleibt selbstverständlich immer im Spiel.

Variation: Die letzte Übung wird wiederholt, allerdings mit dem Unterschied, dass die Kette auf zwei Spieler beschränkt bleibt. Drei Fänger agieren also in einer Zweierkette und einem einzelnen Fänger. Vier Fänger jagen den Ball mit zwei Zweierketten usw. Diese Variante kann auch auf die vorigen Übungen angewendet werden. Auch jeweils nur einzelne Fänger (also gar keine Kettenbildung) oder Balljäger sind möglich. Es dauert einige Zeit, bis die kleinen Fußballer diese

Übungen fast ohne fußballspezifischen Hintergrund

Variationen verstanden haben. Dann bereitet es den kleinen Fußballern aber einen großen Spaß, und das Ganze kann in einigen Trainingseinheiten wiederholt werden.
Bald brauchen auch keine Erklärungen mehr abgegeben werden, da die Kinder ein sehr gutes Gedächtnis haben.

Übungen fast ohne fußballspezifischen Hintergrund

Zonenwächter

Es wird ein 20 x 20 Meter großes Feld in zwei gleich große Zonen eingeteilt. Zwei Zonenwächter werden in jede Zone gestellt. Auf ein Kommando versuchen die anderen Kinder auf die andere Seite der Grundlinie zu gelangen. Allerdings sollen sie dabei die Zonen überqueren, ohne von den Wächtern abgeschlagen zu werden. Wer von den Wächtern berührt wird, wird ebenfalls Wächter und muss in die Zone gehen. Jetzt beginnt das Spiel von vorn. Wer bleibt als Letzter außerhalb der Zone übrig, und gewinnt das Spiel?

Variation: Nach diesem Spiel wird der Schwierigkeitsgrad für die Fänger erhöht. Die Zonen starten jeweils mit nur einem Fänger.

Variation: Jetzt wird wiederum mit einem Zonenwächter pro Zone gestartet, aber die übrigen müssen jetzt die Grundlinie mit einem getragenen Ball erreichen. Abgeschlagene Kinder müssen wiederum in die Zone als Wächter, allerdings wird der Ball außerhalb des Feldes abgelegt.

Variation: Es wird wieder mit Ball gespielt, aber jetzt soll er zur anderen Grundlinie kurz am Fuß geführt werden.

Übungen fast ohne fußballspezifischen Hintergrund

Leichte und kindgerechte Staffelreihe

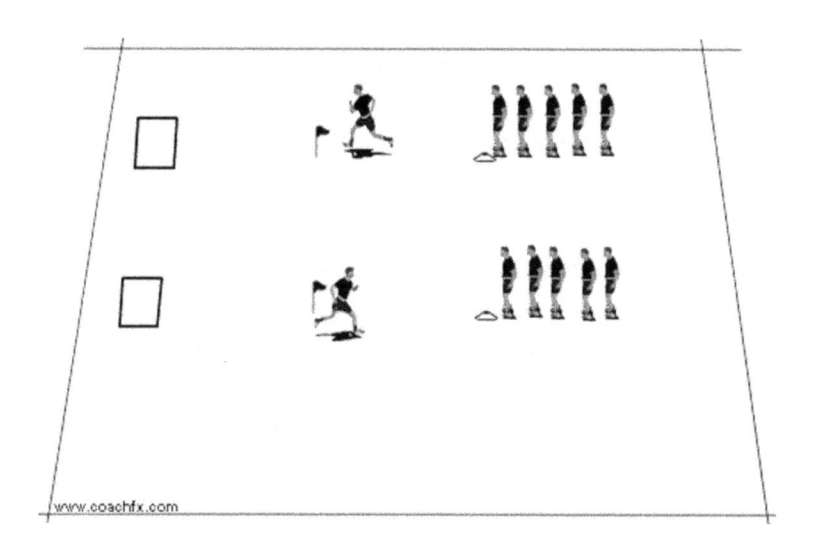

Zwei Mannschaften stehen nebeneinander und jeweils fünf Meter von einer Fahnenstange frontal entfernt. Weitere fünf Meter entfernt wird jeweils ein Rechteck von 1 x 2 Metern markiert. Die längere Seite des Rechteckes zeigt zu den Kindern. Die kleinen Fußballer jeder Mannschaft stehen hintereinander und warten auf das Startsignal für den Staffelwettbewerb. Auf Kommando starten die ersten Läufer mit folgender Aufgabe: Mit maximaler Beschleunigung bis zur Fahne, einmal um die Fahne herum laufen, sprinten bis zum Rechteck, ganz in dieses hineinstellen und dann mit vollem Sprint zurücklaufen, und den nächsten Läufer mit der Hand

Übungen fast ohne fußballspezifischen Hintergrund

abklatschen, der dann starten darf.
Welche Mannschaft hat zuerst alle Läufer im Ziel?

Variationen

Als Nächstes wird der Staffelwettbewerb mit Ball durchgeführt. Auf Kommando starten die ersten beiden Kinder mit Ball, führen diesen einmal ganz um die Fahnenstange herum, laufen zum Rechteck und stellen sich ganz mit Ball in dieses hinein. Jetzt führen sie den Ball in vollem Lauf zum Ausgangspunkt zurück. Hier übergeben sie den Ball zum nächsten Mitspieler ohne abklatschen.
Welche Mannschaft hat dieses Mal alle Kinder zuerst im Ziel?

Nun starten immer zwei Kinder aus jeder Mannschaft gleichzeitig. Dabei sollen sie Hand in Hand ohne Ball loslaufen. Erneut einmal ganz um die Fahnenstange herum usw.
Beim Wechsel soll diesmal wieder abgeklatscht werden. Besteht eine Mannschaft zum Beispiel nur aus fünf oder sieben Kindern, dann läuft ein Kind zweimal. Es ist klar, dass beide Kinder komplett im Rechteck stehen sollen, bevor sie zurücksprinten.

Es werden wieder Zweiergruppen gebildet, aber jetzt muss diese dabei auch noch einen Ball führen und Hand in Hand laufen. Wie sie dieses tun, bleibt den Kindern überlassen.

Übungen fast ohne fußballspezifischen Hintergrund

Teamtor

Die kleinen Fußballer bilden Zweier-, Dreier- oder Viereketten, und stehen etwa 20 Meter vor dem besetzten Tor. Ein Spieler ist in Ballbesitz. Auf Kommando läuft die erste Gruppe mit Ball auf das Tor zu. Sie bilden ein festes Team und eine Einheit. In der Anlaufphase solllen sie den Ball untereinander zuspielen. Kommen sie in die Nähe des Tores, darf ein Spieler versuchen, ein Tor zu erzielen. Der Torwart soll dies natürlich verhindern, darf aber seine Torlinie nur geringfügig verlassen. D.h., er darf nur ein bis zwei Meter aus dem Tor herauskommen. Denkt dabei an die Schusskraft der Kleinen. Darf der

Übungen fast ohne fußballspezifischen Hintergrund

Torwart den Torraum unbegrenzt verlassen, ist es für die "träge Kettte" fast unmöglich, ein Tor zu erzielen.
Diese Spielform kann in allen möglichen Variationen durchgeführt werden wie Zweier-, Dreier-, Vierer- oder Fünferketten. Auch der Torschütze kann festgelegt werden. Der Torwart wird natürlich regelmäßig gewechselt.

Kettenstaffel

Nach dieser kleinen Übungsreihe wird noch ein Wettrennen ohne Ball in Kettenform absolviert. Wiederum werden Zweier- bis Viererketten gebildet. Diese stellen sich nebeneinander in der gleichen Höhe auf. Etwa 20 bis 30 Meter entfernt befindet sich eine Ziellinie, z.B. die Mittellinie.
Auf Kommando starten alle Ketten den Wettlauf.
Welche Kette überschreitet komplett zuerst die Mittellinie?

Übungen fast ohne fußballspezifischen Hintergrund

Wettkampf mit den Delfinen

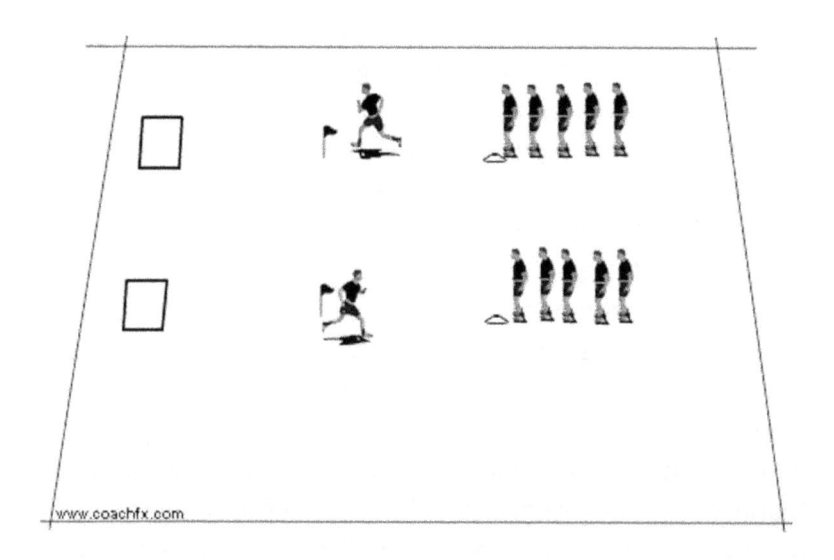

Zwei Mannschaften stehen nebeneinander und jeweils fünf Meter von der Fahnenstange frontal entfernt. Weitere fünf Meter entfernt wird ein kleines Feld abgesteckt. Dieses Feld soll eine Insel darstellen. Auf dieser kleinen Insel befinden sich Fußbälle, entsprechend der Mannschaftsstärke. Besteht eine Mannschaft aus sechs Spielern, sins also sechs Bälle auf der Insel. Welche Mannschaft schafft zuerst alle Bälle auf das sichere Festland? Aber die Mannschaften starten nicht nur gegeneinander, sollen sie sollen sich vorstellen, dass im Wasser Delfine sind, die auch die Bälle haben wollen. Auf dem Weg zur Insel und zurück darf natürlich nur geschwommen

Übungen fast ohne fußballspezifischen Hintergrund

werden. Eine Mannschaft besteht dabei nur aus Kraulern, die andere aus Brustschwimmern. Auf Kommando starten die ersten beiden Schwimmer. Mit den Beinen wird narürlich normal gesprintet, mit den Armen geschwommen, entsprechend der zugeteilten Schwimmtechnik. Auf der Insel wird sich der Ball geschnappt, mit einer Hand gehalten und mit der anderen Hand bzw. Arm wird zurückgeschwommen. Wird der Ball auf dem sicheren Festland abgelegt, darf der nächste Schwimmer starten.

Lässt ein Schwimmer den Ball aber ins "Wasser" fallen, gehört dieser Ball den Delfinen. Er muss nun wieder zur Insel zurückschwimmen und einen neuen Ball aufnehmen. Die Trainerin oder der Trainer spielt nun einen Delfin, und schnappt sich den verlorenen Ball. Aber der Delfin hat doch Mitleid mit der Mannschaft, und bringt den Ball zurück auf die entsprechende Insel. Jetzt kann diese Mannschaft doch noch die Staffel gewinnen, weil wieder alle Bälle da sind.

Welche Mannschaft hat zuerst alle Bälle sicher auf das festland gebracht?.

Folgende Variationen:
1. Jeder darf die Schwimmtechnik selber wählen.
2. Jetzt muss auf beiden Wegen einmal um die Fahne geschwommen werden, da ein Delfin kurzzeitig den Weg versperrt.
3. Auf dem Rückweg ist die Ebbe da. Nun muss der Ball mit den Füßen durch das Watt zurückgedribbelt werden.
4. Zusätzlich wird jetzt einmal um die Fahne geschwommen (360 Grad), auf dem Rückweg einmal um die Fahne gedribbelt.

Übungen fast ohne fußballspezifischen Hintergrund

Befreit die Fußballer

In einem kleinen Viereck, eine Gefängniszelle, befinden sich eingesperrte Fußballer, die befreit werden müssen. Dies ist aber nur möglich, wenn sie mit einem Ball in die Zelle hinein angespielt werden (siehe obere Abbildung).
Die Zelle wird aber von zwei bis drei Polizisten bewacht. Sie sollen das Anspiel auf die Gefangenen verhindern. Die Befreier sind in Ballbesitz, und haben die Aufgabe einen Gefangenen in der Zelle anzuspielen. Haben sie dies geschafft, darf der Angespielte die Zelle mit Ball verlassen.
Kommen die Politisten in Ballbesitz, haben sie die Aufgabe,

Übungen fast ohne fußballspezifischen Hintergrund

den Ball aus dem Spielfeld ins "Aus" zu schießen. Gelingt dies, rollt der Trainer oder die Trainerin den Befreiern einen neuen Ball zu. Ein neuer Befreiungsversuch wird gestartet. Das Spiel endet natürlich, wenn alle Insassen befreit sind.
Die Befreiten beteiligen sich an den Rettungsversuchen. Sie spielen nun gegen die Polizisten mit.

Variation: Die Polizisten spielen den eroberten Ball nicht ins "Aus". Sie bleiben nun in Ballbesitz, und sollen sich den Ball gegenseitig zuspielen oder dribbeln.
Die Befreier müssen nun den Ball zurückerobern, um ein Anspiel an die Gefangenen zu ermöglichen.
Alle anderen Regeln bleiben gleich. Bei dieser Variante sollten aber mindestens drei Polizisten eingesetzt werden.

Übungen fast ohne fußballspezifischen Hintergrund

Staffelwettbewerb

Der Trainer oder die Trainerin baut vor dem Training in jeder Hallenhälfte den gleichen kleinen Hindernisparcour, mit Matten, Hochsprungmatten, Fahnenstangen usw., in Form eines Rundkurses auf.

Der Parcour sollte gleichzeitig mit oder ohne Ball durchlaufen werden können.

Es werden zwei Mannschaften gebildet, die sich jeweils in einer Hallenhälfte an einer Startposition aufbauen.

Auf Kommando laufen die Startläufer los, Slalom durch die Fahnenstangen, längs über die Weichbodenmatte usw.

Wieder am Start angekommen, übergeben sie z.B. einen kleinen Ball und der Nächste läuft los.

Die Mannschaft, die zuerst alle Läufer am Ziel hat, ist natürlich Sieger.

Bei einer ungeraden Anzahl von Kindern läuft natürlich einer zweimal.

Staffelwettbewerb mit Ball im Dribbling

Der gleiche Wettkampf wird jetzt mit einem Fußball durchgeführt. Die Kleinen sollen nun den Ball durch den Parcour mit dem Fuß führen. Der Parcour darf natürlich keinen hohen Schwierigkeitsgrad haben, sonst verlieren die Kinder ganz schnell die Freude an diesem Wettkampf.

Übungen fast ohne fußballspezifischen Hintergrund

Gymnastikreifen-Fußball

Die Handballtore sind aufgebaut und die beiden Mannschaften bleiben bestehen. Nach Anzahl der Kinder werden Gymnastikreifen mit etwa gleichem Abstand in der Halle verteilt. Gespielt wird ohne Torwart, d.h. es befindet sich kein Reifen in der Nähe der Torlinie. In jeden Reifen stellt sich ein Kind mit einem oder mehreren Bällen (wir verwenden Schaumstoffbälle, Gymnastikbälle, Volleybälle).
Die Mannschaften sind natürlich gleichmäßig mit Abwehr- und Angriffsspielern im Feld verteilt.
Auf Kommando schießen die Kleinen die Bälle Richtung gegnerisches Tor. Ziel ist es, möglichst viele Bälle in dieses Tor zu schießen und zu sammeln.
Wenn alle Bälle sich in den Toren befinden, ist das Spiel zu Ende und die Mannschaft, mit den meisten Bällen im gegnerischen Tor, hat gewonnen.

Regeln

° Bälle dürfen nur geschossen werden.
° Der Ring darf nicht verlassen werden. Ein Körperteil muss immer im Reifen bleiben. Die Kinder dürfen also mit den Händen nach Bällen greifen, die sich außerhalb des Reifens befinden. Allerdings muss zumindest die Fußspitze im Ring bleiben. Danach können die Kleinen mit dem Ball in den Reifen zurückkriechen und müssen in diesem, den Ball Richtung gegnerisches Tor schießen oder auch zu einem Mitspieler, der näher zum Tor steht.
° Gegnerische Bälle dürfen abgefangen werden, aber auch

Übungen fast ohne fußballspezifischen Hintergrund

muss zumindest die Fußspitze im Reifen bleiben. Bälle, die keiner mehr erreichen kann und nicht im Tor sind, werden von Betreuern wieder ins Spiel gebracht. Das nächststehende Kind bekommt den Ball.

Auch hier wird wieder darauf geachtet, dass beim Toraufbau bzw. Abbau kein Kind in der Nähe steht. Auch diese Trainingseinheit braucht mindestens zwei Erwachsene.

Übungen fast ohne fußballspezifischen Hintergrund

Kopfballtraining, ja oder nein?

Mit Kopfbällen werden sehr oft Spiele entschieden und viele Tore gemacht gemacht. Mit dem Kopf werden Bälle angenommen und weitergeleitet. Nur der Kopfball ist gefährlich für Erwachsene und ganz besonders für Kinder.
Landet der hart aufgepumpte Ball aus Versehen im Gesicht, verursacht dies manchmal sehr starke Schmerzen oder es bricht sogar der Nasenknochen. Bei Kindern kann es auch mal zum Verlust eines Milchzahnes kommen.
Bei extremen Kopfballtraining sind auch Gehirnerschütterungen und sogar Langzeitschäden nicht auszuschließen.
Deswegen ist ein Kopfballtraining mit Kindern eine heikle Sache und äußerste Vorsicht geboten.
Bei den Bambinis sollte überhaupt kein Kopfballtraining erfolgen, ja eigentlich das Spiel mit dem Kopf und Ball komplett untersagt werden. Kopfbälle werden ohnehin nicht effektiv bei den Bambinis sein, und erst recht kein Spiel entscheiden. Bei den F-Junioren kann ein bestimmtes Kopfballtraining eingeführt werden.

Hierzu werden aber niemals hart aufgepumpte Lederbälle verwendet. Die Nackenmuskulatur ist noch nicht kräftig genug entwickelt, die Knochen haben keine ausreichende Festigkeit der Konsistenz erreicht. Die Koordination ist mangelhaft entwickelt, der Ball landet zu oft im Gesicht.

In manchen Ländern ist ein Kopfballtraining für Kinder ganz verboten. Auch dies findet durchaus einen legitime Berechtigung. Die Sicherheit der Kinder sollte vorgehen.

Übungen fast ohne fußballspezifischen Hintergrund

Ein Kopfballtraining in der F-Jugend ist aber sinnvoll, wenn es vorsichtig, mit den richtigen Übungen und den richtigen Bällen eingesetzt wird.
Gilt denn hier der Spruch "Was Hänschen nicht lernt, lernt Hans nimmer mehr".
Nur bedingt, dies belegen Berichte über Fußballprofis, die erst in einer Profi-Mannschaft das Kopfballspiel perfekt erlernten, die sogar vorher das Kopfballspiel mieden, weil sie Angst davor hatten.

Kopfballübungsreihe für die F- und E-Jugend

Wir trainieren das Kopfballtraining am besten in der Halle. Es werden Luftballons und nur leicht aufgepumpte Volleybälle eingesetzt. Der Vorteil der leichten Volleybälle besteht auch darin, dass die Bälle weiter weg geköpft werden können.

- Bei der ersten Übung nehmen wir lediglich Luftballons. Es ist eine Eingewöhnungsphase. Achten Sie darauf, dass die Ballons mit der Stirn getroffen werden. Zunächst sollen die Kinder ihn allein mit der Stirn in der Luft halten. Jedes Kind hantiert also mit einem Ballon. Danach sollen zwei Kinder einen abwechselnd in der Luft halten. Nun gezielt über eine Strecke befördern. Hiernach kann man auch einen Wettkampf einsetzen. Der Phantasie des Trainers oder der Trainerin bleibt hier freien Lauf.

Kopfball

- Die Fußballer werfen jetzt einen Leicht aufgepumpten Volleyball hoch und köpfen einmal oder mehrmals hintereinander.

- Die Spieler werfen sich gegenseitig den Volleyball zu und köpfen zurück.

- Jetzt wird versucht in der Zweiergruppe, direkt hin- und herzuköpfen.

- Die Übung wird zur Dreiergruppe ausgedehnt (ab E-Jugend).

- Ein Spieler steht auf der Torlinie, der andere 6 – 7 Meter entfernt. Der Spieler im Tor wirft den Ball zu, der andere versucht ins Tor zu köpfen.

- Ein dritter Fußballer kommt hinzu. Er wirft den Ball von der Seite und der Spieler vor dem Tor versucht, den Ball ins Tor zu köpfen (ab E-Jugend).

Kopfball

Diese Übung trainiert zusätzlich die Reaktionsfähigkeit des Torhüters.

Ein Spieler, der hinter dem Tor steht, wirft den Ball den Mitspielern zu. Diese haben die Aufgabe, den Ball ins Tor zu köpfen. Der Spieler, der den Ball geköpft hat, stellt sich hinten wieder an.

Variation: Der Spieler hinter dem Tor wirft den Ball mit einem Einwurf zu, so kann direkt ein Einwurftraining mit trainiert werden.

Wir denken weiterhin an leicht aufgepumpte Volleybälle oder ganz leicht aufgepumpte Fußbälle.

Moderne Trainings- und Wettkampfspiele

Entwickelt wurde hier FUNINO 1990 von Horst Wein mit dem Ziel, die Anzahl der Ballkontakte je Spieler, und so den Spielspaß und die Trainingeffektivität zu erhöhen.
Der Bayerische Fußball-Verband (BFV) erhob FUNINO ab der Saison 2019/20 zur Norm für die jüngeren Altersgruppen der G-, F-, und E-Jugend.

FUNINO hat keine allgemein gültigen und offiziellen Regeln.

Folgende Regeln gelten aber fast immer:

Es spielen 3 gegen 3 ohne Torwart.

Das Spielfeld ist etwa 25 × 30 Meter groß.

Es gibt je Mannschaft zwei Mini-Tore je Spielfeldseite (im BFV beteraägt der Abstand auf der Grundlinie 12 Meter).

Es gibt häufige Spielerwechsel oder sogar festgelegte Spielerrotationen, zum Beispiel nach jedem Tor.

Es gibt eine sogenannte Schusszone, die 6 Meter von der Grundlinie entfernt ist. Tore dürfen lediglich innerhalb dieser Zone erzielt werden.

Moderne Trainings- und Wettkampfspiele

Ziele des FUNINO

- mehr Ballkontakte

- mehr Dribbling

- höhere Spielintelligenz

- höhere fußballspezifische Ausdauer

- mehr Torchancen und Tore

- mehr Pässe

- mehr Spielpositionen

- mehr aktive Spielzeit

- häufigere Spielerwechsel

Durch den Verzicht auf einen Torwart soll vermieden werden, dass die schlechtesten Spieler und Spielerinnen immer ins Tor müssen. Die häufigen Spielerwechsel und vielen unterschiedlichen Spielsituationen sollen bei Funino alle Spieler/innen einbinden und so die Freude am Fußball erhöhen.

Moderne Trainings- und Wettkampfspiele

Das Spielfeld ist also wie oben angelegt, allerdings werden nur Minitore aufgestellt, ohne Torleute gespielt und die Grundformation besteht aus "3" gegen "3". Eine Schusszone von 6 Metern wird angelegt, damit Fernschüsse verhindert werden.

Moderne Trainings- und Wettkampfspiele

Variationen

- Wir spielen Funino 5 gegen 5
(Spielfeldvergrößerung auf 40m x 25m).

- Wir spielen Funino 7 gegen 7
(Spielfeldvergrößerung auf mindestens 40m x 25m).

- Alle Funinovariationen werden mit einem Torwart gespielt, der allerdings beide Tore gleichzeitig bewachen muss.

- Alle Variationen können auch mit etwas größeren Toren und zwei Torhütern gespielt werden.

- In allen Variationen werden auch Fernschüsse erlaubt.

- Die Mannschaft, die stark im Rückstand liegt, bekommt einen zusätzlichen Spieler.

Alle diese Spiele können im Training oder auch als Wettkampfspiele ausgetragen werden. Hierbei werden die aktiven Spieler häufig gewechselt, weil die konditionelle Belastung relativ hoch ist. Die Spielformen, besonders das "3 gegen 3", garantieren aber einen häufigen Ballkontakt jedes einzelnen Spielers.
Auch die Spielintelligenz wird hier wesentlich mehr gefördert. Jeder kleine Fußballer spielt im Prinzip jede Position. Eine Spezialisierung auf eine bestimmte Position bleibt aus, ein ganzheitliches Spielverständnis trainiert.

Moderne Trainings- und Wettkampfspiele

Spieldauer dieser modernen Trainings- und Wettkampfform

Diese ganzen Spielformen werden nicht in Halbzeiten gespielt, sondern in vier bis acht Einheiten mit jeweils einer Pausenlänge von 3 bis 5 Minuten.
Die G- und F-Jugend spielen etwa sechs Einheiten mit sechs bis acht Minuten Länge.
Die E-Jugend spielt aber z.B. mit jeweils sieben Spielern pro Mannschaft vier Einheiten mit jeweils 15 Minuten.
Die Spiellänge sollte aber immer den konditionellen Fähigkeiten der Spieler angepasst werden. Auch externe Faktoren wie Temperatur, Ozonwerte usw. müssen berücksichtigt werden.

Was ist mit dem normalen Wettkampfspiel?

Die kleinen Fußballer sind nicht dumm, und wissen wie die großen Fußballstars ihre Wettkampfspiele austragen. Die Spieler haben bestimmte Positionen mit zusätzlichen Defensiv- oder Offensivaufgaben und gelegentliche Positionswechsel. Ein fester Torwart ist auch immer dabei. D.h. für Trainerinnen und Trainer, dass auch "richtige" Wettkampfspiele regelmäßig eingebaut werden müssen, sonst werden einige kleine Fußballer ihre Spielfreude verlieren. Wir spielen allerdings ohne Rückpassregel und Karten. Der "Achtmeter" wird nur bei "schweren" Fouls gepfiffen. Es darf auch immer wieder ein- und ausgewechselt werden. Bambinis dürfen den Ball beim Einwurf auch einfach einrollen. Ein spezielles Torwarttraining erfolgt auch erst mit 10 bis 12 Jahren. Jeder soll auch mal jede Position spielen.

Weitere Wettkampfspiele / Abschlussspiele

Abschlussspiele

Die Abschlussspiele sollen in der F- und E-Jugend 30 bis 50 Prozent der Trainingseinheiten ausmachen.

Was meinen wir mit Abschlussspiele?

Ein „freies" letztes Abschlussspiel sollte in der Regel immer erfolgen, die taktischen Anweisungen sind hier sehr begrenzt oder fehlen komplett. Der Trainer oder die Trainerin fungiert als Schiedsrichter, Streitschlichter, Ratgeber usw.
In der F-Jugend sollten zwei Abschlussspiele eingebaut werden, eines mit einer leichten taktischen Vorgabe und ein komplett „freies" Abschlussspiel. Das Abschlussspiel mit der taktischen Vorgabe wird auf 5 bis 10 Minuten begrenzt (F- und auch E-Jugend). Wir dürfen nicht vergessen, dass wir es immer noch mit Kindern zu tun haben, und die wollen spielen, spielen, spielen. Bei zu langen taktischen Vorgaben, verliert diese Altersgruppe schnell den Spaß am Fußball, und das wollen wir nicht.
In der E-Jugend sollten 2 - 3 Abschlussspiele durchgeführt werden. Und nur das letzte davon ist ein „freies" Abschlussspiel. Die anderen Spiele beinhalten zusätzliche Aufgaben in Bezug auf Kondition, Technik und/ oder Taktik.
Die Abschlussspiele werden in der F- und E-Jugend den kognitiven und technischen Fähigkeiten angepasst.

Vermieden werden sollten Abschlussspiele, in denen die Kinder sich selbst überlassen sind. Schnell werden zwei

Weitere Wettkampfspiele / Abschlussspiele

Mannschaften gebildet, die ohne jede taktische Anweisungen gegeneinander spielen. Vielleicht geht der Trainer oder die Trainerin schon duschen, fährt früher nach Hause (beides grob fahrlässig) oder hält mit anderen Trainer/in ein Schwätzchen, die Kinder bleiben sich selbst überlassen (verantwortungsloses Verhalten).

Abschlussspiele mit leichten taktischen oder technischen Vorgaben für F- und E-Jugend

- Der Ball darf nur mit dem linken Fuß geführt, gepasst oder geschossen werden (Kopfball ist natürlich erlaubt). Diese Vorgabe sollte auf fünf Minuten begrenzt bleiben.

- Der Ball darf nur mit dem rechten Fuß geführt, gepasst oder geschossen werden (Kopfball ist natürlich erlaubt). Diese Vorgabe sollte auf fünf Minuten begrenzt bleiben. Diese Vorgabe macht allerdings nur Sinn, wenn Spieler mit einem „starken linken" Fuß in der Mannschaft sind.

- Der Ball darf nur nach vorn gespielt oder gedribbelt werden.

- Wer ein Tor schießt, muss ins Tor bis zum nächsten Torerfolg.

- Eine Mannschaft spielt in Überzahl von mindestens zwei Spielern. Nach zwei bis drei Minuten spielt die andere Mannschaft in Überzahl, allerdings auch nur für zwei bis drei Minuten.

Weitere Wettkampfspiele / Abschlussspiele

- Eine Mannschaft spielt in Überzahl mit einer der schon aufgelisteten Vorgaben, auch hier wechselt sie wiederum nach 2 bis drei Minuten.

- Es wird ein Abschlussspiel auf vier Tore gespielt. Hierbei ist eine Spielzeit von 10 Minuten durchaus sinnvoll.

- Es wird ein Abschlussspiel auf vier Tore mit zwei Bällen gespielt. Die Bälle sind relativ leicht aufgepumpt, weil z.B. gleichzeitig zwei Schützen auf ein Tor schießen können. Jetzt halten sich die Schmerzen bei einem Körpertreffer in Grenzen.

Weitere Wettkampfspiele / Abschlussspiele

Abschlussspiele ab der E-Jugend

Bei diesem ersten beschriebenen Abschlussspiel trainieren wir den schnellen Angriff in Überzahl und den Konter. Gespielt wird auf zwei besetzte Tore. Die angreifende Mannschaft stellt vier Stürmer, die abwehrende drei Verteidiger.
Bei der verteidigenden Mannschaft stehen vier Spieler außerhalb des Spielfeldes neben dem Tor, bei der angreifenden Mannschaft drei Spieler außerhalb neben ihrem Tor (siehe Skizze auf der nächsten Seite).

Übungsablauf:

1. Der Angriff muss innerhalb von zwei Minuten abgeschlossen sein, ansonsten müssen die Angreifer vom Feld und die drei wartenden Mitspieler werden zu Verteidigern.
Die wartenden vier Spieler werden jetzt zu Stürmern und bekommen den Ball usw. Jeder Angriff wird aber immer wieder auf zwei Minuten begrenzt.

2. Erlangen die Abwehrspieler den Ball, müssen sie sofort einen Konter einleiten und dürfen nur nach vorne laufen oder dribbeln. Sie suchen also den bedingungslosen Torabschluss.

3. Beenden die Stürmer mit einem Torabschluss, wechselt natürlich auch das Angriffsrecht mit den jeweils neuen Spielern.

Weitere Wettkampfspiele / Abschlussspiele

Ecken und Freistöße werden ausgeführt, wenn sie innerhalb der zwei Minuten stattfinden.

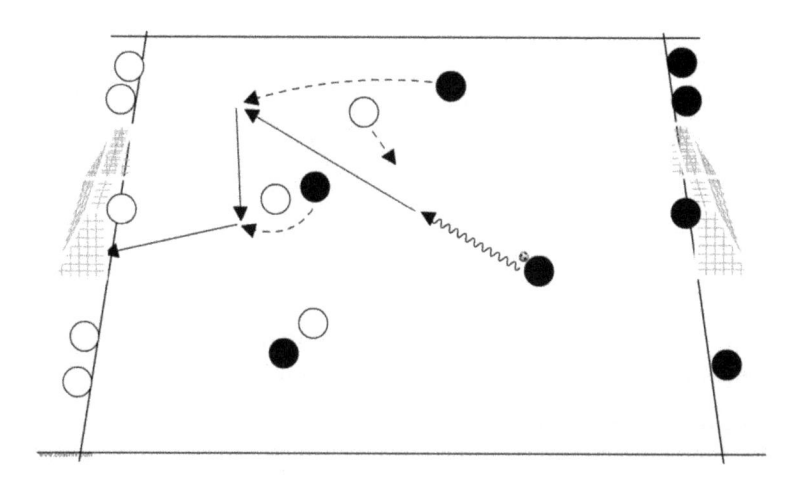

Abschlussspiel mit Dribbelaktion

Es wird ein Feld von 40 x 30 Meter abgesteckt. Ebenfalls wird eine mittlere Zone von 20 x 30 Meter markiert. Es werden zwei Mannschaften gebildet mit je einem Torwart, einem Abwehrspieler in der Abwehrzone und 4 – 6 Spieler je Mannschaft in der mittleren Zone.

Ablauf: In der mittleren Zone spielen 4 gegen 4, 5 gegen 5 oder 6 gegen 6. Schafft es nun ein Spieler über die Grundlinie der mittleren Zone auf das gegnerische Tor zu dribbeln, muss

Weitere Wettkampfspiele / Abschlussspiele

er nun 1 gegen 1 gegen den Verteidiger den Torabschluss suchen. Der Stürmer darf dribbeln oder auch direkt schießen. Der Torwart darf auch aktiv eingreifen, und seine Torlinie verlassen.

Egal wie das Endresultat ausgeht, die verteidigende Mannschaft bekommt dann den ersten Ballbesitz in der mittleren Zone, Ecken werden nicht ausgespielt.

Variationen

- Der Stürmer ruft den Namen eines Mitspielers aus der mittleren Zone, der ihn bei dem Angriff in der Verteidigungszone des Gegners unterstützen darf.

- Jetzt darf auch der Verteidiger einen Spieler zur Verstärkung rufen, so bald ein Angreifer in seine Zone eindringt.

- Distanzschüsse aus der Mittelzone werden erlaubt.

- Der Torwart darf die Torlinie nicht verlassen.

- Es wird ohne Verteidiger gespielt, der Angreifer spielt also 1 gegen 1, wenn er in die Verteidigungszone eindringt.

- Es dürfen insgesamt drei Angreifer in die Verteidigungszone eindringen, gegen einen Verteidiger und einen Torwart, aber die Stürmer dürfen ausschließlich mit ihrem „schwächeren" Fuß spielen.

Weitere Wettkampfspiele / Abschlussspiele

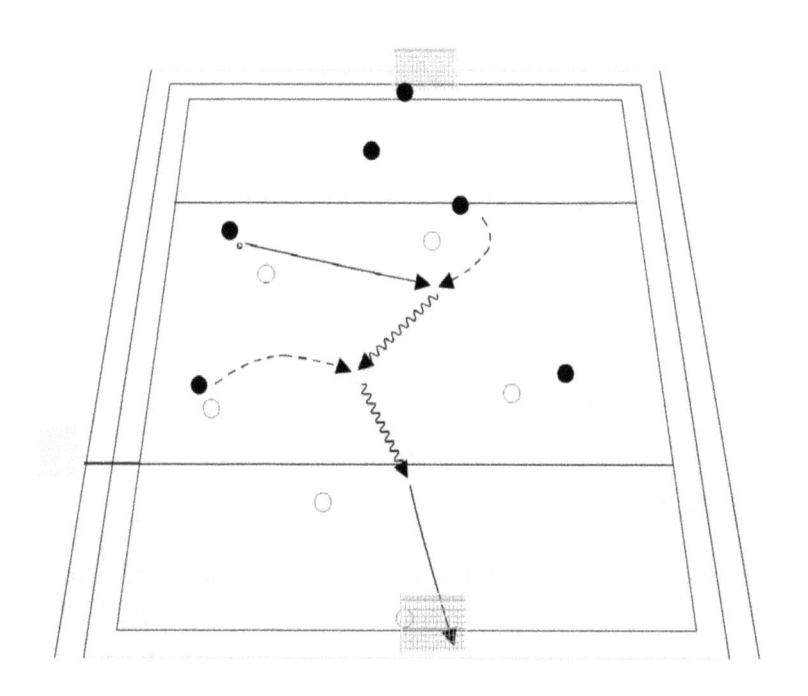

Weitere Wettkampfspiele / Abschlussspiele

- Es werden zwei Mannschaften mit jeweils einem festen Torwart gestellt.
Die Anzahl der Feldspieler beträgt 5 – 7 pro Mannschaft.

Übungsablauf:
1. Eine Mannschaft spielt auf das Tor mit dem Angriffsfeld. Schießt sie ein Tor mit einem Distanzschuss außerhalb des Angriffsfeldes, wird dieses Tor doppelt gewertet.

2. Dribbelt die Mannschaft in das Angriffsfeld und erzielt dann ein Tor, zählt dieses auch doppelt. Alle anderen Tore, auch die der gegnerischen Mannschaft (diese spielt ja auf kein Angriffsfeld), zählen einfach.

3. Nach zehn Minuten werden die Seiten gewechselt und die andere Mannschaft spielt auf das Tor mit dem Angriffsfeld. Sieger nach 20 Minuten ist natürlich die Mannschaft mit den meisten Torpunkten (hier Torpunkte, weil manche Tore ja doppelt zählen).

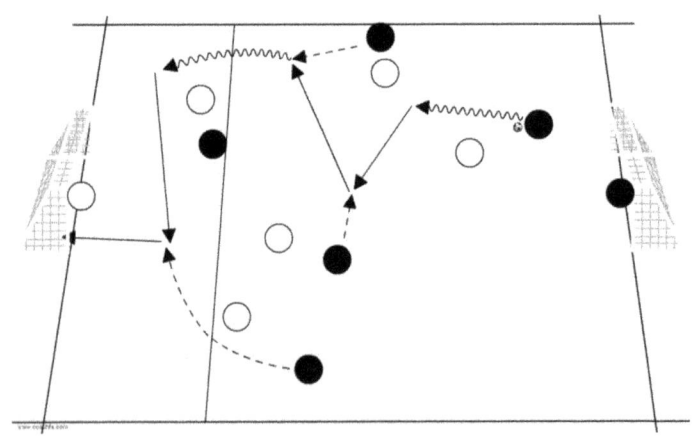

Weitere Wettkampfspiele / Abschlussspiele

Geteilte Mannschaften

Es wird ein Feld von etwa 25 x 20 Meter markiert bei 4 gegen 4 Spieler, bei 5 gegen 5 oder 6 gegen 6 wird das Feld auf 30 x 25 Meter erweitert. Ebenfalls stehen zwei unbesetzte Tore bereit. Die Mannschaften bestehen jeweils aus zwei Gruppen (vier bis sechs Spieler). Die Mannschaftsteile bekommen die Namen 1a und 1b, und die zweite Mannschaft die Namen 2a und 2b. Sie verteilen sich jeweils links und rechts neben dem eigenen Tor.

Ablauf: Der Trainer oder die Trainerin ruft z.B. die Mannschaftsteile 1a und 2b auf. Die Spieler laufen ins Feld und spielen nun gegeneinander mit einem festen Torwart. Beim ersten Spiel liegt der Ball in der Spielfeldmitte. Nach zwei Minuten ruft der Trainer/in z.B. „2b durch 2a ersetzen". Jetzt muss die Mannschaft 2b sofort das Feld verlassen und wird durch 2a ersetzt. Danach ruft der Trainer oder die Trainerin z.B. „1a durch 1b ersetzen und 2a durch 2b ersetzen." hier werden also zwei Mannschaftsteile gleichzeitig ausgetauscht.

Diese Übung macht den kleinen Fußballern einen Riesenspaß, und kann getrost bis zu zwanzig Minuten gespielt werden. Diese Spielform kann auch in der F-Jugend ausprobiert werden.

Tipp: Der Austausch der Mannschaftsteile empfiehlt sich gut bei anstehenden Standardsituationen wie Einwurf, Freistoß und Eckball.

Weitere Wettkampfspiele / Abschlussspiele

Variationen

- Es wird nicht mit einem „festen" Torwart gespielt, sondern der „letzte" Mann wird automatisch zum Keeper.

- Die Mannschaftsteile bestehen aus unterschiedlich vielen Spielern, so kann eine Unter- und Überzahl dieser im Spiel erreicht werden. Mögliche Kombinationen wären z.B. 4 gegen 5, 5 gegen 4, 4 gegen 4 und 5 gegen 5. Hierbei hat jede Mannschaft einen Mannschaftsteil von 4 und 5 Spielern.

- Jeder Spieler darf nur mit seinem „schwachen" Fuß spielen. Allerdings sollte die Zeit hier auf zwei Minuten Spielzeit pro Spieler begrenzt bleiben.

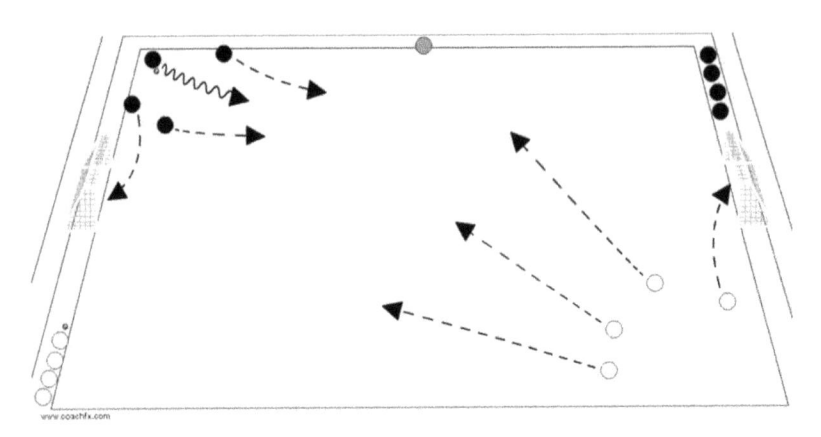

Weitere Wettkampfspiele / Abschlussspiele

Nur Doppeltore zählen

Es wird ein Feld von 40 x 25 Meter mit zwei Toren aufgebaut. Gleichmäßig im Feld, aber mindestens 10 Meter von den Toren entfernt, werden 6 Hütchen aufgestellt. Auf diese Pylonen wird oben jeweils ein Ball postiert.
Nun werden zwei Mannschaften mit einem „festen" Torwart gebildet. Die Mannschaften setzen sich aus jeweils 5 bis 6 Spielern zusammen.

Ablauf: Es wird ein ganz normales Fußballspiel ausgetragen, bis auf einen Unterschied. Bevor eine Mannschaft ein reguläres Tor erzielen darf, muss zuvor ein Hütchen mit Ball umgeschossen werden, oder nur der Ball von diesem. Der Trainer oder die Trainerin entfernt die entsprechende Pylone mit Ball vom Spielfeld. Die Mannschaft mit dem „Treffer" kann nun auf das gegnerische Tor stürmen, und einen regulären Treffer erzielen. In der Zwischenzeit kann nun natürlich auch der Gegner eine Pylone „zusammenschießen", und ebenfalls ein reguläres Tor erzielen.
Wurde ein Tor erzielt, muss erneut ein Hütchen „abgeschossen" werden, bevor ein weiteres reguläres Tor erzielt werden darf. Die jeweils gegnerische Mannschaft darf natürlich die Pylonen mit Ball vor einem Abschuss schützen.
Wurde ein Hütchen getroffen, darf natürlich kein weiterer Abschuss erfolgen, bevor ein regulärer Treffer erzielt wurde.
Bei einer nicht regulären „Zerstörung" einer Pylone mit Ball muss der betreffende Spieler diese wieder aufbauen.
Nach Abschuss aller Hütchen geht es mit einem „normalen" Spiel weiter.

Weitere Wettkampfspiele / Abschlussspiele

Variationen

- Auf dem Feld werden anstatt der Pylonen 6 kleine Tore mit ganz flachen Markierungshütchen aufgebaut. Die Breite der Tore beträgt etwa einen Meter. Bevor ein Tor erzielt werden darf, muss durch diese Tore ein Pass zu einem Mitspieler stattfinden.

- Alle Utensilien werden nun vom Platz entfernt. Ein Tor darf aber erst erzielt werden, nachdem ein „richtiger" Doppelpass gespielt wurde. D.h., der Doppelpass zählt nicht bei einem direkten Spiel auf kurzer Entfernung in der eigenen Hälfte ohne gegnerische Störung. Der Trainer/in gibt also bei einem zählbaren Doppelpass seine Zustimmung.

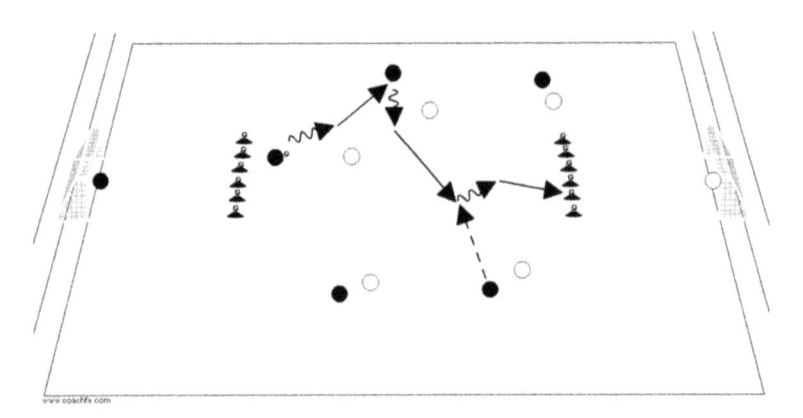

Weitere Wettkampfspiele / Abschlussspiele

- Bei dem folgenden Abschlussspiel wird sehr stark die fußballspezifische Ausdauer trainiert.
Mehrere kleine Tore mit Pylonen werden in einer Spielfeldhälfte aufgebaut. Es spielen mindestens „6 gegen 6".
Der Ball soll durch ein Tor gespielt werden, wobei ein Mitspieler diesen Ball hinter dem Tor annehmen muss, damit ein reguläres Tor erzielt wird. Die Spieldauer beträgt etwa 10 Minuten.
Der Trainer muss darauf achten, dass alle Spieler ständig in Bewegung sind, und nicht permanent hinter einem Tor auf das Anspiel warten.

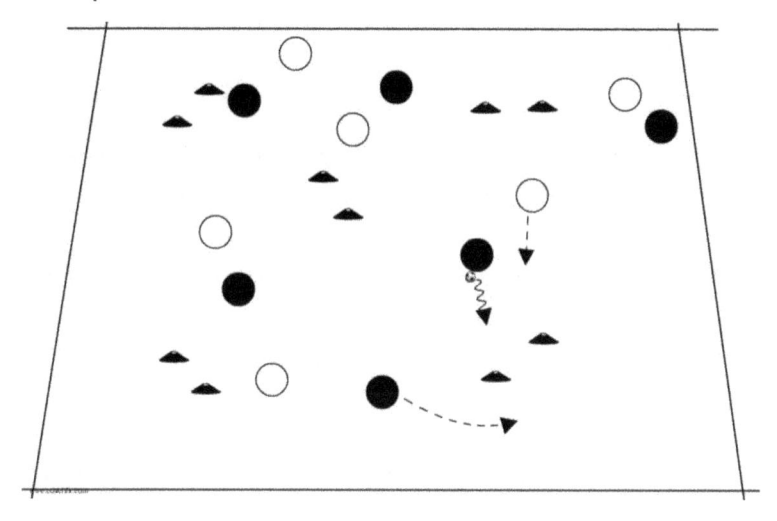

- Bei der nächsten Übung wird 5 bis 7 gegen 5 bis 7 auf ein großes und 2 besetzte kleine Tore gespielt (siehe nächste Seite). Erobert eine Mannschaft den Ball in der eigenen Spielfeldhälfte, müssen in dieser erst vier Pässe gespielt werden, bevor in die gegnerische Hälfte gepasst werden darf.

Weitere Wettkampfspiele / Abschlussspiele

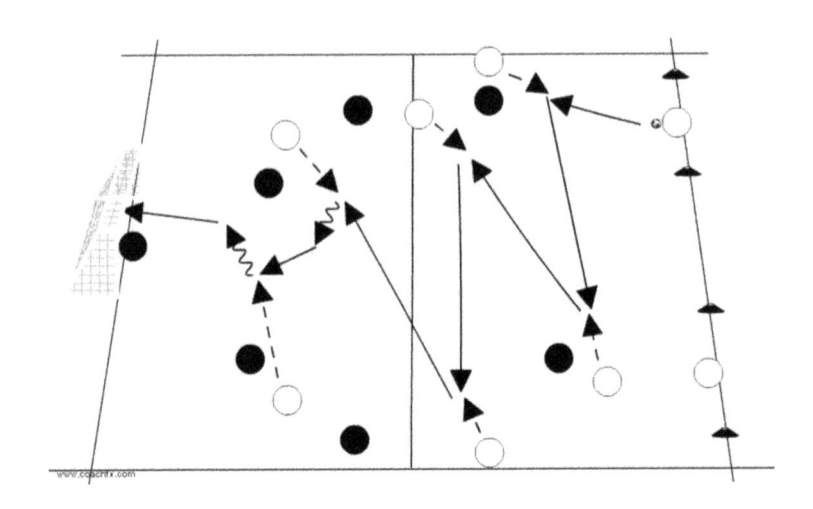

- In dem nächsten Abschlussspiel trainieren wir den Konter und das schnelle Umschalten von Abwehr auf Angriff.

Übungsaugbau: Halbes Spielfeld (hier ist natürlich auch ein 6 gegen 5 oder 7 gegen 5 möglich). Ein Tor an der Grundlinie und 2 Hütchentore an der Mittellinie (siehe nächste Seite).

Übungsablauf: Die Mannschaft in Überzahl muss nach 4 Pässen ohne Torerfolg den Ball an die gegnerische Mannschaft abgeben.
Hier sollen schnelle Pässe gespielt werden!!! Querpässe sollten vermieden werden, Rückpässe sind verboten.
Den Spielern muss hier das schnelle Umschalten von Abwehr auf Angriff klar gemacht werden.

Weitere Wettkampfspiele / Abschlussspiele

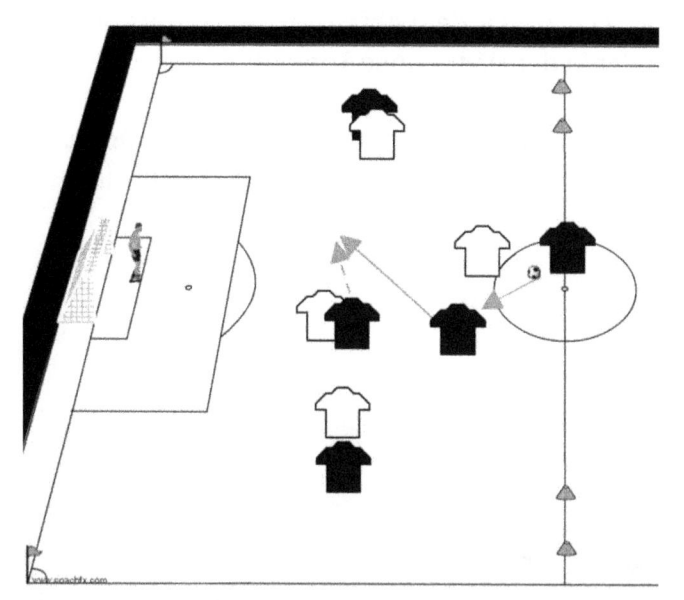

Weitere Übung zur Schulung des Konterspiels.

Übungsaufbau: siehe nächste Seite
- Ganzes Spielfeld
- 2 Teams mit jeweils 5-7 Spielern bilden
- Alle Spieler befinden sich in einer Hälfte, dessen Tor nicht besetzt ist.

Übungsablauf:
Die beiden Mannschaften spielen „auf Ballhalten" gegeneinander in einer Spielfeldhälfte.
Auf ein Trainerkommando versucht die Mannschaft in Ballbesitz einen schnellen Konter auf das mit einem Torwart besetzte Tor.
Die andere Mannschaft versucht den Konter abzufangen.

Weitere Wettkampfspiele / Abschlussspiele

Nach dem Torschuss oder dem Abfangen des Konters beginnt das Spiel wieder in der Hälfte ohne Torwart.

Diese Übung kann auch in kleineren Gruppen absolviert werden, indem die rechte Spielfeldhälfte mit Hütchen verkleinert wird.

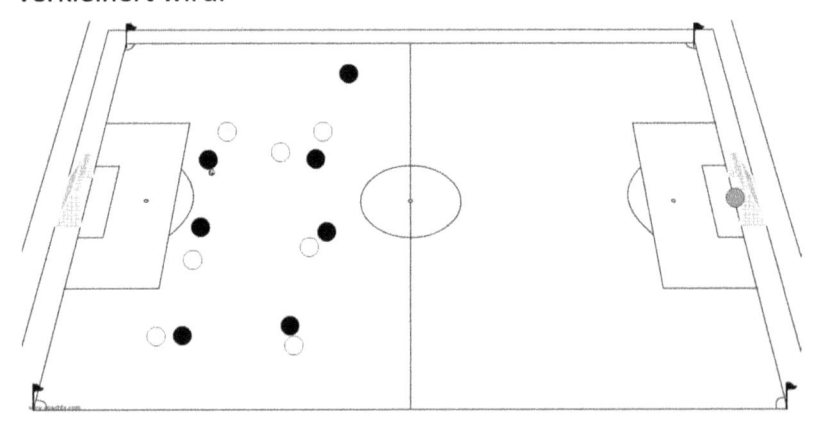

- Bei der nächsten Übung werden wieder zwei Mannschaften gebildet, die auf zwei große und besetzte Tore Spielen. Jede Mannschaft besitzt einen Flügelstürmer, die außerhalb des Spielfeldes mit Bällen stehen (siehe nächste Seite).
Der erste Außenstürmer dribbelt in Richtung Torauslinie und flankt hoch oder flach in den Strafraum.

Hierauf erfolgt ein normales freies Spiel, bis der Ball ins Aus oder ins Tor geschossen wird.

Weitere Wettkampfspiele / Abschlussspiele

Nun tritt der Flügelstürmer der gegnerischen Mannschaft mit der gleichen Aktion auf das andere Tor in Aktion usw.

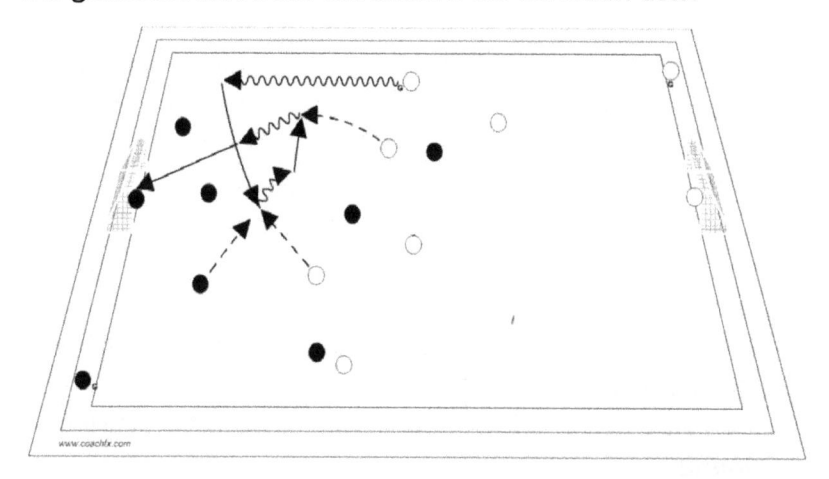

- Jetzt wird ein normales „freies Spiel" durchgeführt. Die Mannschaft, die ein Tor kassiert, absolviert 5 Liegestütze und 5 halbe Kniebeugen. **Bei den Liegestützen werden diese knieend ausgeführt, da die Rückenmuskulatur in diesem Alter oft noch zu schwach ausgebildet ist.**

- Es wird z.B. 7 gegen 5 auf zwei besetzte Tore gespielt. Die Mannschaft in Überzahl darf nur mit jeweils drei Ballkontakten spielen. Nach einigen Minuten bekommt die andere Mannschaft die Überzahl und maximal drei Ballkontakte zugesprochen.
Diese Übung ist sehr anspruchsvoll und sollte maximal 2 x 5 Minuten gespielt werden, bevor das „freie Spiel" an die Reihe kommt.

Weitere Trainingsübungen

Leichte elementare fußballspezifische Übungen

Beginnen wir an dieser Stelle mit einer wichtigen technischen Grundübung, die ab der F-Jugend regelmäßig in den Trainingsbetrieb aufgenommen werden sollte. Sie schult den perfekten direkten Rückpass nach dem Einwurf oder einem maximal halbhohen und leichtem Zuspiel.
Sie kann auch als Aufwärmübung permanent ab der F-Jugend eingebaut werden. Ab der D-Jugend wird die jetzt beschriebene Übung auch mit einem Einwurf trainiert, und nicht mehr nur von unten zugeworfen. Ab dieser Altersklasse (ab 12 Jahre) kann zum Aufwärmen zum Beispiel das Sprinter ABC zuerst erfolgen, und dann die jetzt beschriebene Übung:
Die Fußballer der F-Jugend bilden 2er Gruppen, die in diesem Alter vier bis fünf Meter entfernt voneinander sich frontal gegenüber stehen (bei der E-Jugend sind es fünf bis sechs Meter). Ein Spieler ist in Ballbesitz, und wirft seinem Mitspieler den Ball von unten halbhoch oder etwas flacher zu. Dieser soll den Ball direkt mit der linken oder rechten Innenseite zurückspielen. Dieser erste Durchgang dauert ein bis zwei Minuten, dann wird gewechselt.
Danach erfolgt die gleiche Übung, aber der Rückpass muss nun mit dem linken oder rechten Vollspann getätigt werden. Bauen sie diese Übung immer nur kurz ein, damit keine Langeweile entsteht. Diese kurze Technikschulung werden ihnen die kleinen Fußballer einmal sehr danken. Als Senioren können sie zum Beispiel einen Einwurf immer direkt zurückpassen. Ab der C-Jugend wird dies auch mit dem Kopf trainiert.

Weitere Trainingsübungen

Dauerte bei den Bambini eine Trainingseinheit noch 60 Minuten, wird diese in der F-Jugend auf 70 – 80 Minuten und in der E-Jugend auf 80 – 90 Minuten verlängert. Auch deshalb schon müssen alle Übungen auf kurze Zeit begrenzt werden, denn die Trainingsspiele gegen Ende machen mindestens 50 Prozent einer Trainingseinheit aus.

Wie schon erwähnt, ermüden die Kleinen schnell, die Muskulatur ist noch schwach ausgebildet, die Leistungsvoraussetzungen sind sehr unterschiedlich und die Konzentrationsfähigkeit ist noch sehr gering.
Wichtig ist, dass jede größere Überforderung der Kinder vermieden werden muss.
Bei den ersten Anzeichen von Ermüdungen bei einem Kind, wird dieses geschickt im weiteren Trainingsverlauf geschont.

Auch dürfen wir nicht vergessen, dass Kinder ein ganz anderes Zeitempfinden haben. Eine Stunde konzentriertes Bewegen und Spielen der Bambini/F-Jugend ist gleichzusetzen mit drei Stunden Training für Erwachsene.
Besondere Vorsicht ist bei hohen Außentemperaturen geboten. Ausreichend Getränke müssen bereit stehen, und es werden immer wieder Pausen im Schatten eingelegt.
Bei extremen Außentemperaturen werden nur Spiele locker im Schatten absolviert.

Merke: Der Trainer oder die Trainerin hat eine hohe Verantwortung gegenüber den Spielern. Bei extremen Wetterlagen wie Hitze und hohe Ozonwerte oder Sturm mit Regen sollte genau überlegt werden, ob und wo das Training stattfindet.

Weitere Trainingsübungen

- Es gibt kein gezieltes Aufwärmprogramm. Vor jeder Trainingseinheit dürfen sich die Kinder, sofort mit oder ohne Ball (wie jeder will), in der Gruppe oder Einzeln, frei bewegen. Kinder in dieser Altersklasse müssen und wollen sich sofort austoben.

- Im weiteren Verlauf werden Grundlagen der Balltechnik, Motorik und ab der E-Jugend auch schon leichte athletische Übungen trainiert. Nicht sportartspezifische Fang- und Ballspiele treten, vor allem in der E-Jugend, in den Hintergrund. Eine allgemeine sportliche Ausbildung wird jetzt auch vom Schulsport unterstützt. Gänzlich sollten aber diese Spiele und Wettkämpfe nicht aus dem Training entfernt werden. Beispiele dieser Übungsreihen werden hier nicht mehr aufgeführt.

- Im Techniktraining werden nicht immer die gleichen Übungen eingebaut, sondern Abwechslung ist hier angesagt, in häufiger Verbindung mit Wettkämpfen.

- Leichte Erklärungen, leicht verständliche Übungen und geringe Wartezeiten sind unbedingt erforderlich. Die Kinder brauchen häufigen Ballkontakt und viel Bewegung.

- Stationentraining in kleinen Gruppen sollte oft erfolgen.
Bereits in der F-Jugend kann durchaus ein Stationentraining eingesetzt werden. Die Übungen sollten leicht verständlich sein und kurz und präzise erklärt werden. Der Übungsaufbau darf nicht viel Zeit in Anspruch nehmen und

Weitere Trainingsübungen

die Kinder nicht langweilen oder nerven. Am besten ist es, der Trainer baut die Stationen schon vor dem Training auf. Bei den meisten Übungen sollten sowieso nur Bälle eingebaut werden. Die Übungsdauer an den jeweiligen Stationen wird auf maximal 5 Minuten begrenzt.

Hier geben wir Beispiele für mögliche Übungen im **Stationentraining**, möchten aber betonen, dass man hier der Phantasie freien Lauf lassen kann. Die hier vorgestellten Übungen wurden von uns noch nicht alle im Training eingebaut, aber grundsätzlich hat sich das Stationentraining in der F- und E-Jugend bewährt und den technischen Leistungsanstieg tatsächlich beschleunigt.

Mögliche Übungen im Stationentraining:
(3 – 4 Personen pro Übung, der Trainer sorgt bei einigen Übungen dafür, dass die jeweiligen Positionen in den Übungen rechtzeitig gewechselt werden).

a) Ein Spieler wirft den Ball aus kurzer Entfernung zu, der andere soll den Ball mit der Seite oder dem Spann zurückspielen, abwechselnd links und rechts. Der Ball sollte maximal in Kniehöhe zugeworfen werden (Seite 45 war eine ausführliche Beschreibung).

b) In einem abgesteckten Feld spielen sich die Kinder die Bälle flach und direkt zu, und müssen dabei abwechselnd den linken und rechten Fuß einsetzen. Der Pass erfolgt mit der Innenseite und wird relativ hart und präzise geschossen. Der Abstand der Spieler beträgt 5 – 10 Meter.

c) Es erfolgt ein Einwurfwettbewerb auf Weite oder

Weitere Trainingsübungen

Genauigkeit. Ein Kind wirft auf Weite oder in ein kleines abgestecktes Feld. Die anderen markieren die erzielte Weite mit einer Pylone und stoppen den Ball. Bei einem Wettbewerb auf Genauigkeit bekommt der jeweilige Spieler einen Punkt, wenn er in das abgesteckte Feld trifft. Derjenige mit den meisten Punkten oder der größten Weite, hat bei dem nächsten Stationenwechsel gewonnen. Der Trainer achtet hin und wieder auf die korrekte Ausführung des Einwurfs (die Unterstützung von Betreuern in einem Stationentraining ist in der F- und E-Jugend von großem Nutzen).

d) An dieser Station wird ein Elfmeterwettkampf durchgeführt. Ein kleines Tor steht vor dem großen Tor. Verschossene Bälle landen so meistens im großen Tor und die Laufwege sind verkürzt. Ein Spieler steht im Tor, zwei oder drei Spieler beginnen mit dem Elfmeterschießen. Begonnen wird aus einer Entfernung von sieben Metern. Der Schütze, der verschossen hat, tauscht mit dem Torwart. Bei der Verwandlung eines Elfmeters schießt der nächste Schütze aus acht Metern, wird dieser verwandelt, geht es wieder ein Meter zurück usw. Wird ein Elfmeter gehalten, wird er um einen Meter vorverlegt, aber nicht näher als sieben Meter.

e) Hier werden Torschuss- und Freistoßübungen in allen möglichen Variationen in der kleinen Gruppe trainiert, wie z.B. mit Doppelpass oder Dribbeln durch Fahnenstangen vor dem Torschuss und auch Direktabnahmen nach einer kurzen Ecke. Hierbei kann ohne Torwart oder mit einem festen

Weitere Trainingsübungen

Torwart trainiert werden.

f) Die Spieler schießen sich den Ball hoch zu und stehen dabei mit dem größtmöglichen Abstand zueinander. Das angespielte Kind soll den Ball sicher stoppen und zum nächsten Spieler passen.

g) Fußballspiele zum Schluss des Trainings sind Pflicht, hierauf freuen sich die Kleinen ganz besonders. Es sollte in Gruppen, von „4 gegen 4" bis „6 gegen 6", gespielt werden, damit häufige Ballkontakte garantiert sind.

Weitere Trainingsübungen

Weitere Topübung zum elementaren Techniktraining

Die nächste Übung ist eine elementare Technikübung, und sollte erst ab der E-Jugend praktiziert werden.

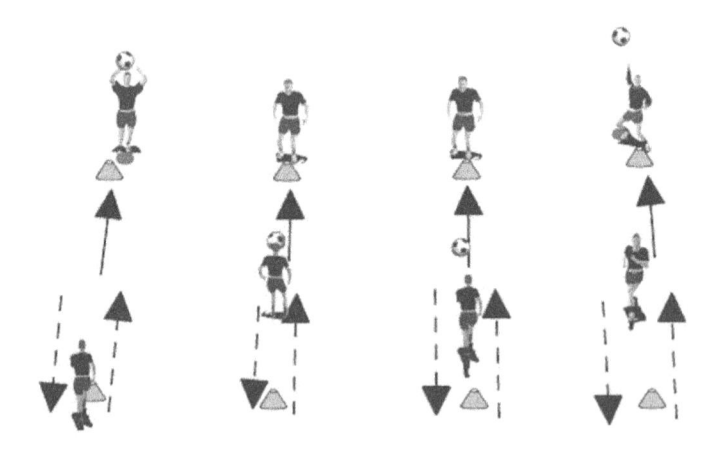

Unsere Topübung zum Techniktraining ab der älteren E-Jugend

Nahezu jede der hier aufgeführten Schuss- und Kopfballtechniken kann mit dieser Übung trainiert werden.

Übungsaufbau:
2 Hütchen werden im Abstand von 15 bis 20 Metern aufgestellt. Jedes Hütchen wird mit einem Spieler besetzt. Eine Seite mit Ball, die andere ohne Ball.

Weitere Trainingsübungen

Übungsablauf:

Der Spieler ohne Ball trabt in Richtung seines Übungspartners, der ihm den Ball z.B. hüfthoch entgegenwirft. (Der Ball sollte so geworfen werden, dass er ca. 5 Meter vor dem Werfenden angenommen oder zurückgespielt werden kann.) Der Spieler ohne Ball spielt den Ball, in unserem Beispiel, direkt mit dem Innenriss zurück. Danach trabt er wieder in Richtung seines Hütchens und wendet an diesem. Jetzt läuft er wieder in Richtung seines Übungspartners und wiederholt die Übung 5 - 10 mal. Danach werden die Aufgaben getauscht. Hier können viele Techniken geschult werden mit je 5 - 10 Wiederholungen. Zwischen den einzelnen Übungen kann der Aufbau für einen Wettkampf genutzt werden. Hier startet ein Spieler (mit oder ohne Ball) in Richtung seines Übungspartners und wendet an dessen Hütchen. Danach läuft er wieder zurück und wendet am eigenen Hütchen.

Welches Team schafft in einer Minute die meisten Runden? Danach geht es wieder weiter mit der nächsten Technikschulung usw.

Weitere Trainingsübungen

Steigerung dieser Technikübung ab der technisch höchst geschulten E-Jugend

Der Übungsaufbau bleibt dergleiche, allerdings werden nun beide Hütchen mit einem Spieler besetzt und ein dritter Spieler steht in der Mitte von den Hütchen.
Die Spieler an den Pylonen besitzen jeweils einen Ball.

Übungsablauf:

Der Spieler ohne Ball trabt in Richtung eines Übungspartners, der ihm den Ball z.B wieder. hüfthoch entgegenwirft. Der Spieler ohne Ball spielt den Ball erneut mit dem Innenriss zurück, dreht sich um 180 Grad, und läuft nun in Richtung des anderen Spielers. Dieser wirft ihm den Ball ebenfalls zu, und der Übungsablauf wiederholt sich mehrere Male. Danach wird der Spieler in der Mitte immer wieder gewechselt.

Variation: Der Übungsablauf ist im Prinzip dergleiche. Diesmal passen die Spieler an den Hütchen den Ball flach zu. Der Spieler in der Mitte spielt mit dem Innenriss direkt und flach zurück, läuft dann in Richtung des anderen Spieler usw.

Weitere Trainingsübungen

Liniendribbeln

Übungsaufbau und Ablauf: siehe Grafik
Die hellen Spieler versuchen ihre jeweilige Linie zu verteidigen. Die dunklen Spieler versuchen durch beide Linien zu dribbeln.
Gelingt dieses, gibt es 2 Punkte.
Wird nur eine Linie durchdribbelt, gibt es einen Punkt, sonst keinen. Nach einiger Zeit werden die Aufgaben gewechselt.
Welches Team bekommt die meisten Punkte?

Weitere Trainingsübungen

Nun beschreiben wir eine Übung zum Dribbeln und Passen.

Übungsaufbau und Ablauf: siehe Grafik
Es werden Paare mit jeweils einem Ball gebildet.
Der Spieler mit Ball dribbelt zum nächsten Hütchentor und passt dem mitgelaufenen Partner den Ball durch das Hütchentor zu.
Dieser dribbelt jetzt zum nächsten Hütchentor und passt den Ball wieder durch das Tor zum Mitspieler usw.

Weitere Trainingsübungen

Bei der nächsten elementaren Übung passen sich die Kinder den Ball abwechselnd mit der linken und rechten Innenseite zu. Der Ball wird zuerst gestoppt und dann direkt gespielt, wobei er durch zwei Hütchen gepasst werden soll. Die Entfernung ist abhängig vom Trainingszustand.

Dribbel-, Finten- und Torschussübungen usw.

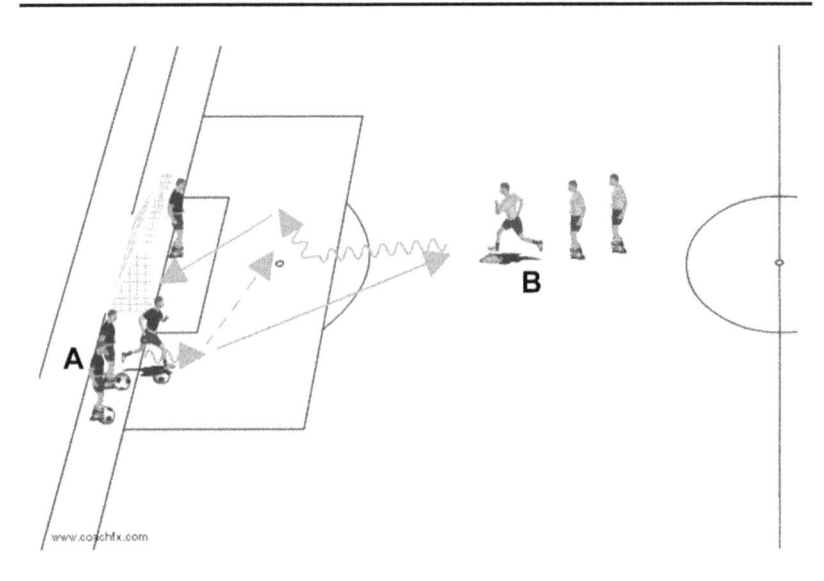

Ausnutzen von Torchancen

Es werden zwei Gruppen mit je drei oder mehr Spielern gebildet. Die eine befindet sich etwa 15 Meter vor dem Tor (Gruppe B), die andere neben dem Tor (Gruppe A).
Ein Spieler der Gruppe A spielt einen Pass zu B und läuft ihm entgegen. B soll nun im absoluten Tempodribbling aus dem 1 gegen 1 zum Torabschluss kommen.
Danach stellt sich B bei der Gruppe A an und umgekehrt.

Variation: Der Stürmer darf jetzt auch direkt schießen.

Dribbel-, Finten- und Torschussübungen usw.

Dribbling mit Torabschluss

Je nach Spieleranzahl werden ein bis zwei 20 x 10 m große Felder errichtet (siehe untere Abbildung). Jedes Feld mit zwei besetzten Jugendtoren bestückt.

An der rechten Torauslinie beider Tore stehen mehrere Kinder mit jeweils einem Ball hintereinander. Das jeweils erste Kind dribbelt auf das gegenüberliegende Tor zu und schießt aus einer Entfernung von 7 – 15 Metern auf das Tor. Die Entfernung ist vom Alter und der Schusskraft abhängig. Danach holen die Kinder ihren Ball zurück und stellen sich auf der anderen Seite wieder an.

Nach einigen Minuten wird aus dieser Übung ein Wettkampf erklärt:

Welches Kind erzielt zuerst fünf Tore?

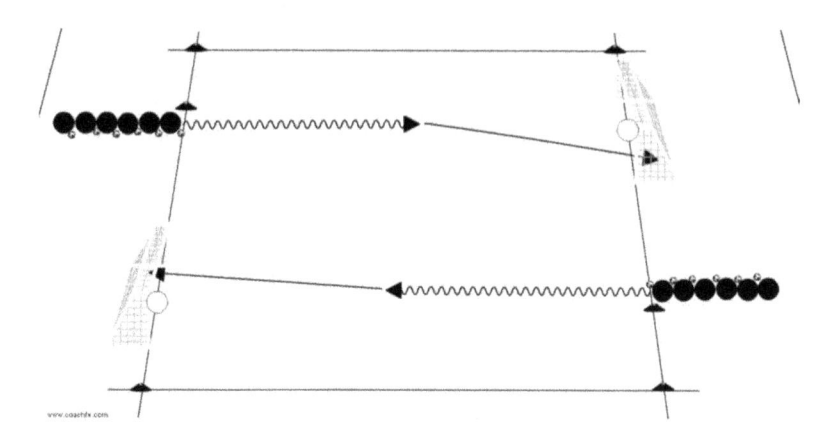

Dribbel-, Finten- und Torschussübungen usw.

- Hier erfolgt die gleiche Übung von der rechten und linken Seite. Die kleinen Fußballer laufen wieder mit höchster Geschwindigkeit auf das gegnerische Tor (Torentfernung in diesem Alter etwa 20 Meter) zu. Sie suchen aber mit dem diagonalen Laufweg zum Tor den kürzesten Weg.

Tipp: Achten Sie darauf, dass die Kinder im Moment des Torschusses auf den Ball schauen, ansonsten wird der nicht optimal getroffen. Die jungen Spieler müssen dies sofort erlernen, wie auch die richtige Position des Standbeines. Das Anvisieren des Zieles erfolgt kurz vor dem Torschuss (Auge-Fuß-Koordination).

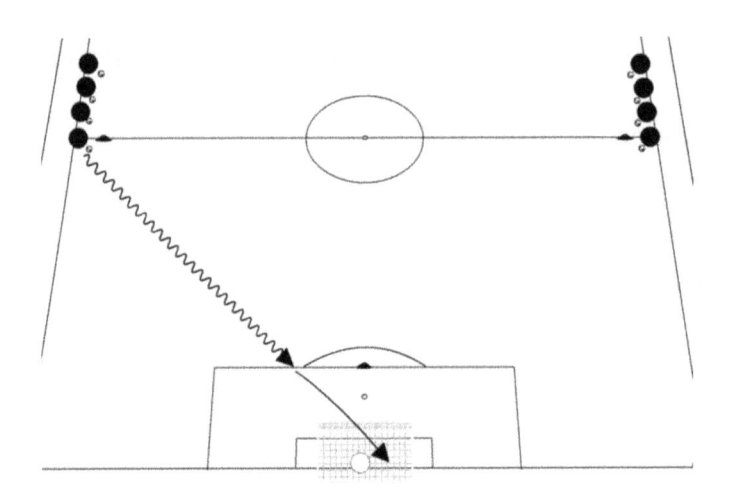

- Die gleichen Übungen werden durchgeführt, aber diesmal mit einem Gegenspieler, der etwa 10 Meter vor dem Tor steht. Dieser soll umspielt werden, wobei er zuerst nur „teilaktiv" einschreitet, im weiteren Verlauf der Übung aber wie in einem Wettspiel eingreift (natürlich ohne „Notbremse").

Dribbel-, Finten- und Torschussübungen usw.

- Die kleinen Fußballer stehen etwa 25 Meter vor dem Tor wie in der unteren Abbildung. Die Spieler in der Mitte befinden sich in Basllbesitz. Der erste Spieler aus dieser Gruppe spielt den Ball direkt zu einem Mitspieler auf der linken oder rechten Seite. Der Passgeber läuft direkt Richtung gegnerischem Tor und erwartet die Flanke. Diese wird direkt oder nach einer kurzen Annahme verwertet. Auch das Ausspielen des Keepers ist erlaubt. Nach dieser Aktion schließen sich die beiden Akteure einer anderen Gruppe hinten wieder an, und das nächste Paar startet.

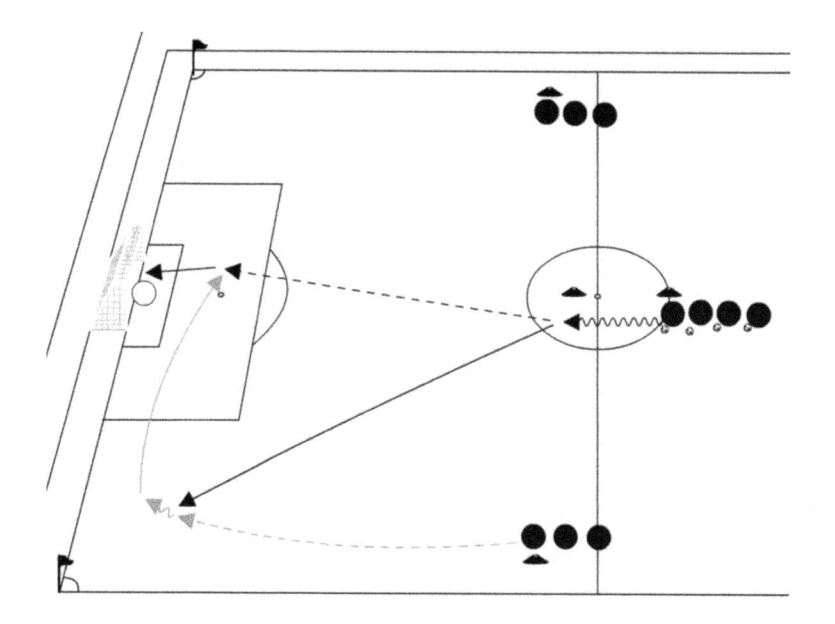

Dribbel-, Finten- und Torschussübungen usw.

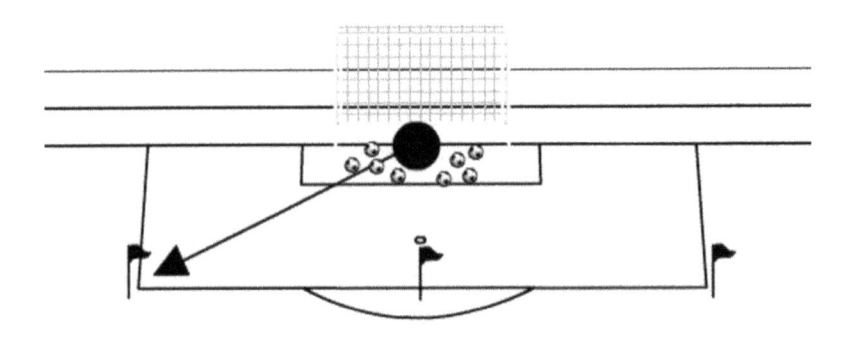

Rollen und Schießen

Diese elementare Schussübung eignet sich ideal für ein Stationentraining. Hierbei werden vier Spieler beschäftigt. Die einzelnen Positionen werden regelmäßig (einschließlich Torwart gewechselt). Der Torwart rollt den Ball zum ersten Spieler (siehe Abbildung), dieser schießt direkt auf das Tor und der Torwart versucht, den Ball zu halten. Danach rollt der Torwart einen Ball zum nächsten Spieler usw. Die Bälle liegen natürlich weit im Tornetz, damit der Keeper nicht behindert wird.

Dribbel-, Finten- und Torschussübungen usw.

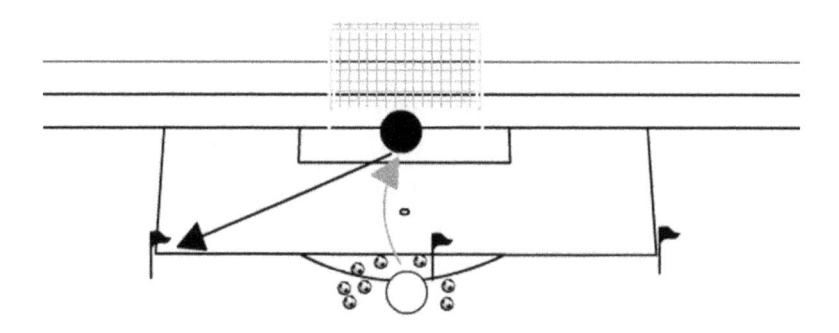

Variation und Erhöhung des Schwierigkeitsgrades der vorhergehenden Übung ab der E-Jugend

Alle Bälle befinden sich nun beim Spieler in der Mitte. Dieser spielt den Ball flach zum Keeper. Der nimmt den Ball mit beiden Händen auf und rollt ihn dann flach zu einem der äußeren Spieler. Der schießt wiederum direkt auf das Tor usw.
Die Torschussentfernung wird natürlich dem Alter entsprechend angepasst.
Nach einigen Minuten mit entsprechendem Positionswechsel wird der Schwierigkeitsgrad noch einmal gesteigert. Jetzt nimmt der Torwart den Ball nicht mehr auf, sondern spielt ihn direkt mit der Innenseite zum Torschützen.

Dribbel-, Finten- und Torschussübungen usw.

Übungsaufbau: Spielfeldgröße, je nach Leistungsstand, jedoch nicht zu klein halten. 2 Tore mit Torhütern besetzen. 2 gleichgroße Mannschaften bilden und diese jeweils an der Toraußenlinie positionieren. Jeder Spieler erhält eine Nummer (bei 8 Spielern werden die Nummern von 1-4 verteilt). Der Trainer stellt sich in Höhe der gedachten Mittellinie mit Bällen an der Seitenlinie auf.

Übungsablauf: Der Trainer ruft eine oder mehrere Zahlen auf und wirft einen Ball ins Spielfeld. Die Spieler mit der entsprechenden Nummer starten zum Ball und versuchen den Gegenspieler so schnell wie möglich auszuspielen und aufs Tor abzuschließen. Dauert das Dribbling zu lange, bricht der Trainer den Versuch ab und ruft die nächsten Spieler auf.
Wichtig bei dieser Übung ist die schnelle Ausführung des Zweikampfes unter Anwendung aller möglichen Finten.

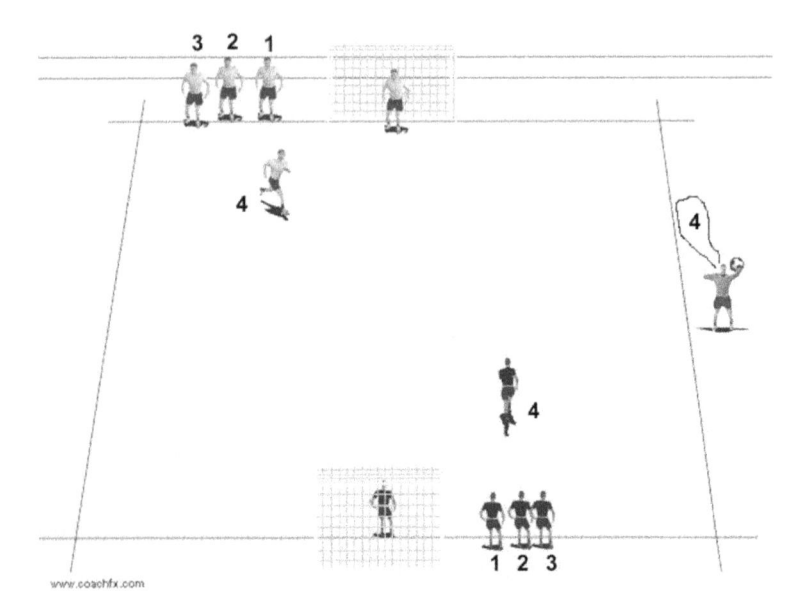

Dribbel-, Finten- und Torschussübungen usw.

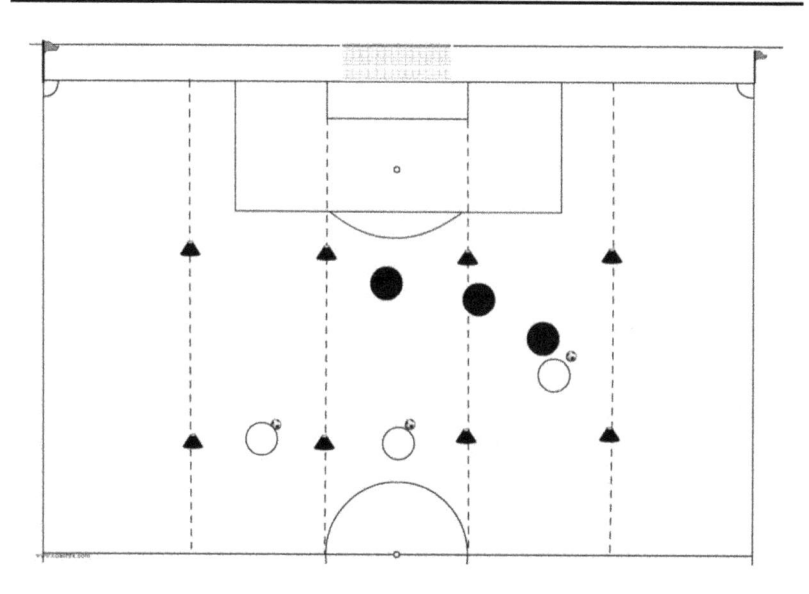

Multiples Angreifen

Drei Spieler einer Mannschaft laufen jeweils mit einem Ball auf ein unbesetztes Tor zu. Sie sollen die Bälle ins Tor befördern. Dies versuchen, zwei bis drei Abwehrspieler zu verhindern. Jeder Ball im Tor bedeutet einen Punkt für die angreifende Mannschaft. Jeder Ball, der von den Verteidigern ins Aus geschossen wird, ergibt einen Punkt für diese Mannschaft. Stürmer, die ihren Ball verloren oder ins Tor befördert haben. dürfen nun mit ihren Mitspielern gemeinsam agieren. Beliebiges Passspiel ist jetzt erlaubt. Welche Mannschaft holt die meisten Punkte. Nach dem ersten Durchgang erfolgt natürlich ein Rollentausch.

Dribbel-, Finten- und Torschussübungen usw.

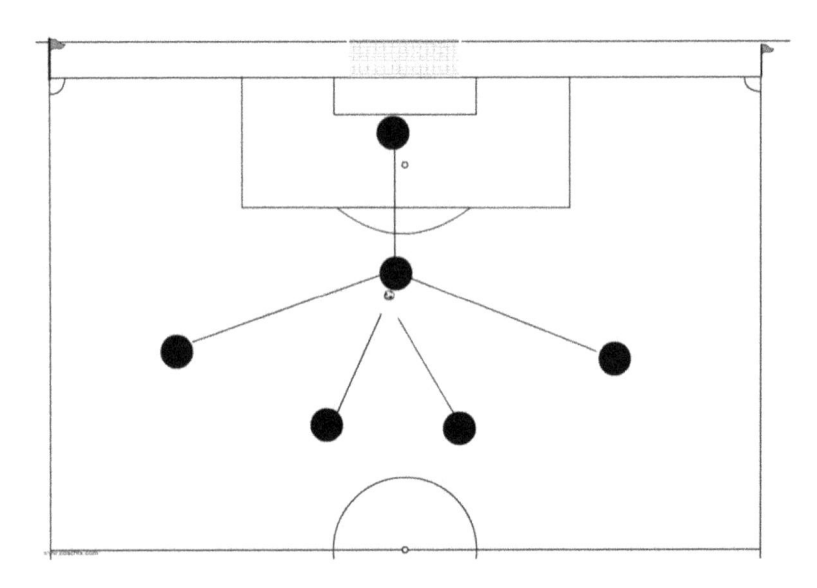

Die hier beschriebene Übung ist eine elementare Torschussübung. Das Tor ist besetzt, ein Anspieler steht mit mehreren Bällen etwa 12 Meter vor dem Tor. Er "füttert" vier Angriffsspieler wie auf der oberen Skizze dargestellt. Die Reihenfolge des Anspiels wird nicht vorgegeben. Der Stürmer, der den Ball erhält, soll den Ball im Lauf annehmen und mit höchster Geschwindigkeit in Richtung Tor laufen. Hier hat er nun zwei Optionen. Entweder er schießt den Ball auf das Tor (Torentfernung für diese Altersgruppe etwa 10 Meter) oder spielt den Torwart vorher aus. Haben alle vier Sürmer ihren Angriff beendet, wird die Übung mit veränderten Rollen wiederholt.

Dribbel-, Finten- und Torschussübungen usw.

Diverse Torschussübungen

Bei der folgenden Übung werden zwei besetzte Jugendtore, zwei Koordinationsleitern oder viele Stäbe (lange Bänder gehen auch) benötigt (siehe folgende Abbildung).
20 – 25 Meter vor jedem Tor stehen die Fußballer hintereinander in einer Reihe. Die ersten Spieler jeder Gruppe laufen an, nach einigen Metern müssen sie kleine Trippelschritte, möglichst schnell, durch die Koordinationsleiter (bzw. Bänder, Stangen) absolvieren. Nach dem Trippeln werden sie von einem Anspieler mit einem Ball bedient, und schießen aus etwa 10 – 15 Metern auf das Tor. Die Torentfernung richtet sich natürlich nach der vorhandenen Schusskraft.
Nach dem Schuss läuft der nächste Spieler an, und der Schütze bringt den Ball zum Anspieler zurück.

Variation: Vor der Koordinationsleiter werden noch mehrere Markierungshütchen hintereinander, und in einem Abstand von etwa einem Meter aufgebaut. Diese sollen vor der Koordinationsleiter mit höchster Geschwindigkeit in Slalomform durchlaufen werden.

Zusätzliche Variationen:

- Die Übung wird in Wettkampfform gespielt. Welche Mannschaft erzielt zuerst 10 Tore?

- Es darf nur mit dem linken Fuß geschossen werden.

⚽ Dribbel-, Finten- und Torschussübungen usw.

- Die Schusstechnik wird vorgegeben usw.

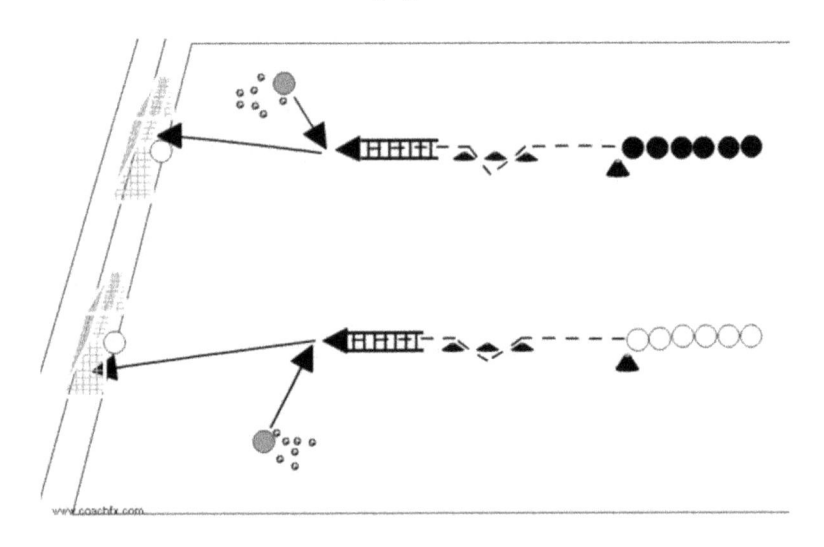

- Die nächsten drei Übungen beinhalten ein **Schusstraining unter Bedrängnis**.

Die Spieler stehen etwa 30 Meter vor dem Tor (mit Torwart) in zwei Gruppen hintereinander und 2 – 3 Meter auseinander. Dazwischen steht der Trainer oder die Trainerin mit vielen Bällen und schießt einen Ball möglichst gerade Richtung Tor mit entsprechender Stärke (die Kinder sollen den Ball ja spätestens 10 Meter vor dem Tor bekommen). Die beiden ersten Fußballer jeder Gruppe kämpfen nun um den Ball und sollen schnell den Torabschluss suchen. Danach bringen sie den Ball zum Trainer zurück und stellen sich hinten wieder an. Die Übungsdauer wird auf 5 – 6 Minuten (gilt auch für die folgenden Übungen) begrenzt und muss in

Dribbel-, Finten- und Torschussübungen usw.

schneller Abfolge durchgeführt werden. Bei sehr vielen Kindern wird ein zweites Tor mit Torwart eingesetzt (Betreuer oder Elternteil springt hier mit ein).

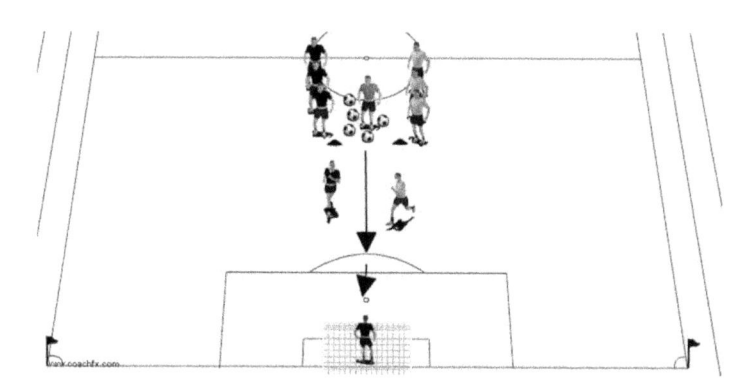

- Zwei Hütchen werden versetzt etwa 30 Meter vor dem Tor aufgestellt und wieder zwei Gruppen gebildet. Auf ein Trainerkommando starten die ersten Spieler jeder Gruppe. Der weiße Spieler mit Ball sucht den Torabschluss, der Schwarze versucht, ihn daran zu hindern oder sogar selbst abzuschließen.

Dribbel-, Finten- und Torschussübungen usw.

Die beiden ersten Spieler starten auf ein Trainerkommando, umlaufen die Fahnen und kämpfen um den Pass des Trainers mit entsprechendem Torabschluss.

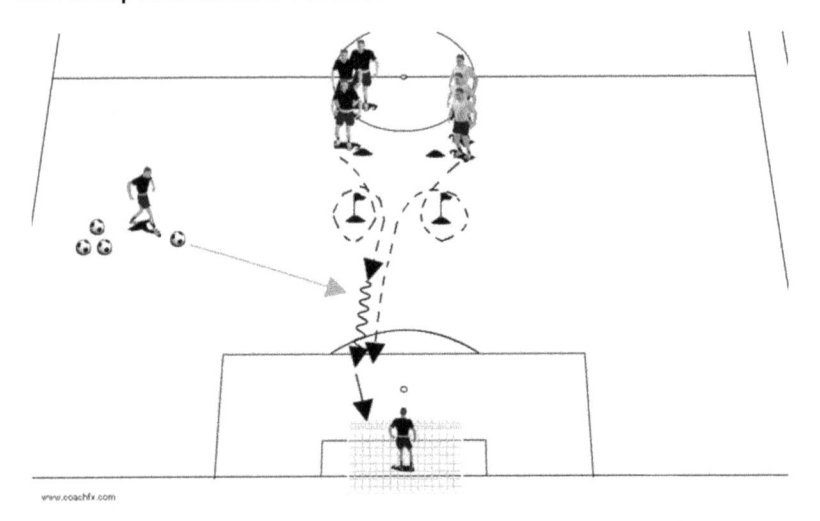

Hier stellen wir eine interessante Übung zur Schulung des Innenspannstoßes für F- und E-Jugend vor.

Bei dieser Übung laufen die Kinder parallel zur Toraußenlinie seitlich zum Tor an. Die Entfernung muss dem Alter und dem Leistungsstand entsprechend angepasst sein (Entfernung zum Tor etwa 10 – 15 Meter). Eine Gruppe läuft von links an und schließt dementsprechend mit dem rechten Fuß ab, die andere Gruppe von rechts und schließt mit dem linken Fuß ab. Die beiden Gruppen wechseln sich ab und tauschen nach einiger Zeit auch komplett die Seiten (beim Abschluss mit links kann die Torentfernung auch weniger als 10 Meter betragen, wegen der mangelnden Schusskraft für die meisten

Dribbel-, Finten- und Torschussübungen usw.

im linken Fuß). Es darf nur mit dem Innenspann abgeschlossen werden. Der Trainer oder die Trainerin markiert mit kleinen Pylonen die Torschusshöhe (sehr zentral vor dem Tor).

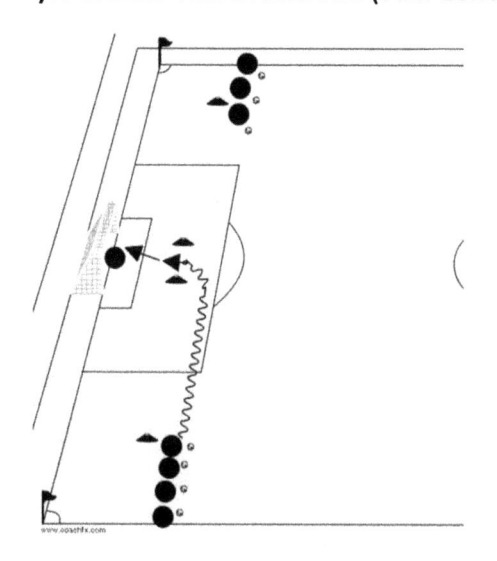

Variation mit Zweikampf

Jetzt wird der Schwierigkeitsgrad der Übung erhöht, und mit einem Zweikampf „gewürzt".

Es wird ein Quadrat von etwa 30 x 30 Meter abgesteckt. An jeder Pylone stehen mehrere Spieler hintereinander. Bei zwei Gruppen hat jeder einen Ball. Der erste Spieler dribbelt ins Feld und passt diagonal zu seinem Gegenspieler. Dieser nimmt den Ball an und versucht im 1 gegen 1 die gegenüberliegende Seitenlinie mit enger Ballführung zu erreichen. Erlangt aber der Verteidiger den Ball (wie in der nachfolgenden Skizze), versucht dieser die andere Linie zu erreichen. Danach startet die andere „Diagonale" usw.

Diese Übung kann auch in Wettkampfform mit

⚽ Dribbel-, Finten- und Torschussübungen usw.

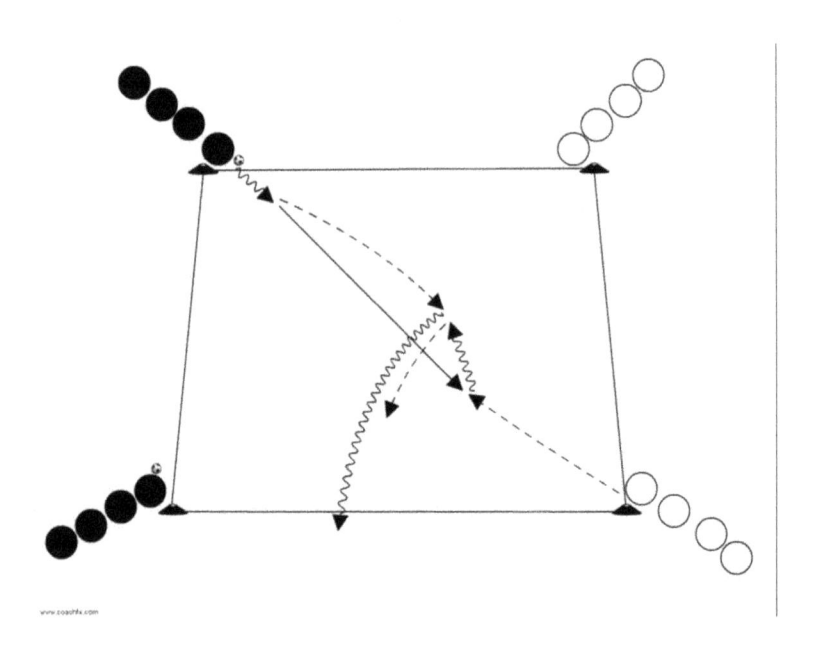

Passübung 2 für den Trainingsanfang

Es wird ein etwa 10 x 10 Meter großes Quadrat abgesteckt (siehe Bild). Die Spieler werden in zwei Gruppen diagonal gegenüber verteilt. Der erste Spieler einer Gruppe ist in Ballbesitz. Dieser passt zum ersten Spieler der anderen Gruppe, und läuft ein Hütchen weiter nach rechts. Jetzt stoppt der Spieler der anderen Gruppe den Ball, passt zurück, und läuft ebenfalls eine Pylone weiter nach rechts (andere Seite des Quadrats).

Der letzte Spieler in Ballbesitz kann nun nicht mehr diagonal spielen, er spielt jetzt nach rechts zu seiner Gruppe, und läuft seinem Pass nach. Jetzt beginnt das Spiel von vorn, nur von der anderen Diagonalen.

Dribbel-, Finten- und Torschussübungen usw.

Variationen

- Es muss direkt gespielt werden.
- Es muss mit dem linken Fuß gespielt werden.

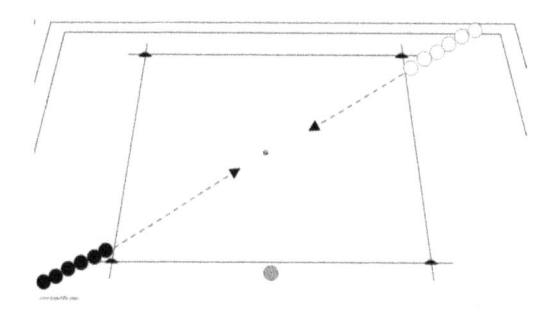

Leichte Torschussübung

25 Meter vor einem Tor werden drei Gruppen gebildet. Die Spieler jeder Gruppe stehen hintereinander. Jeder Spieler ist in Ballbesitz. 10 bis 15 Meter vor dem Tor, je nach Schusskraft, wird eine Schusslinie eingerichtet. Der Trainer/in benennt die Gruppen mit 1,2 und 3. Nun wird eine Gruppe aufgerufen. Der erste Spieler dieser Gruppe dribbelt in Richtung Tor, und schließt spätestens an der Schusslinie ab. Kurz vor dem Torschuss ruft der Trainer oder die Trainerin die nächste Gruppe auf, und der betroffene Spieler startet sofort zum Torschuss usw..Nach jedem Torschuss müssen sich die Schützen einer anderen Gruppe anstellen.

Variationen

- Der Ball wird in der Hand getragen, und mittels eines Volleyschusses (Vollspann) auf das Tor „geknallt".
- Es muss mit dem schwächeren Bein geschossen werden.

Dribbel-, Finten- und Torschussübungen usw.

Übungsreihe zur Schulung des Innenseitstoßes

Die kleinen Fußballer werden in Gruppen mit jeweils fünf Kindern aufgeteilt. Vier Kinder bilden ein Rechteck oder Kreis um das fünfte Kind mit Ball. Der Abstand des zentralen Kindes zu den anderen beträgt etwa fünf Meter.
Auf Kommando spielt das Kind im Zentrum den Ball zum ersten Kind im Kreis, erhält den Ball zurück, spielt ihn weiter zum nächsten und bekommt ihn wieder zurück usw. Der Ball soll direkt gespielt werden, wenn der Leistungsstand dies erlaubt.
Nach kurzer Zeit wird gewechselt.
- Gleiche Übung, aber jetzt darf der Ball nur noch mit links gespielt werden.
- Gleiche Übung, aber jetzt ist eine Reihenfolge nicht mehr vorgegeben.

- Jetzt spielen die Kinder „5 gegen 2" oder eine andere Form mit mehreren Ballkontakten, zwei Ballkontakten oder zum Schluss auch direkt. Die Spielform ist hier sehr stark abhängig vom Leistungsstand.
Erkämpfen die beiden Spieler in der Mitte den Ball, darf der Spieler den Kreis verlassen, der sich dort länger aufgehalten hat.
- Die Kinder passen sich den Ball abwechselnd mit der linken und rechten Innenseite zu. Der Ball wird zuerst gestoppt und dann direkt gespielt, wobei er durch zwei Hütchen gepasst werden soll. Die Entfernung ist abhängig vom Trainingszustand. An dieser Station trainieren ein bis zwei Paare.

Dribbel-, Finten- und Torschussübungen usw.

Anspruchsvolle Übung für die ältere E-Jugend

Die folgende Übung trainiert hervorragend das schnelle Umschalten von Angriff auf Abwehr und umgekehrt für den Mittelfeldbereich.
Es wird ein Feld abgesteckt von 30 – 40 Metern Länge und 15 – 20 Metern Breite. Das Feld wird in drei gleich große Bereiche gedrittelt.

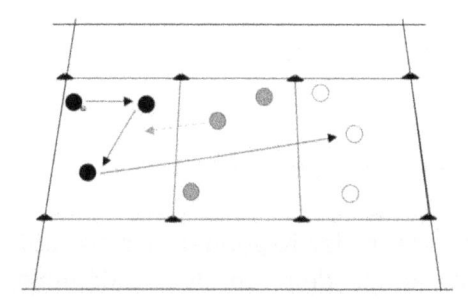

Es werden nun drei Dreierteams gebildet, die sich wie auf dem Bild dargestellt, verteilen.
Die Mannschaft in der Mitte spielt gegen die beiden äußeren Teams.
Eine äußere Mannschaft ist in Ballbesitz, und spielt sich im eigenen Feld die Bälle zu. Ein Verteidiger der mittleren Mannschaft darf nun in dieses Feld laufen und versucht, den Ball zu bekommen oder ins Aus zu befördern.
Die Mannschaft in Ballbesitz darf den Ball jetzt aber auch zu den Mitspielern im zweiten äußeren Feld flach oder hoch passen. Die beiden anderen Spieler in der Mitte sollen diesen Pass aber abfangen.
Gelingt der weite Pass, kehrt der Verteidiger in die Mitte zurück und ein anderer Verteidiger attackiert die andere

Dribbel-, Finten- und Torschussübungen usw.

Außenseite, und das Spiel geht mit den gleichen Spielregeln weiter.

Gelingt den Verteidigern eine Balleroberung oder sie können den Ball ins Aus befördern, wechselt die mittlere Mannschaft in ein äußeres Feld.

Die äußere Mannschaft, die den Ball verloren hat, muss nun in der Mitte verteidigen usw.

Die folgende Übung ist nur für die ältere E-Jugend mit hohem Leistungsniveau möglich. Die Entfernungen müssen dem Kleinfeld angepasst werden.

Flanken aus einer Spielkombination

Übungsaufbau: 4 Hütchen, wie in der folgenden Grafik, aufstellen. An allen Hütchen, außer dem an der Außenlinie, gleichgroße Gruppen bilden. Die Spieler in der Höhe des Mittelkreises erhalten alle jeweils einen Ball.

Übungsablauf: Auf ein Trainerkommando dribbelt der erste Spieler mit Ball in Richtung seines MItspielers und passt diesen an. Der Mitspieler läuft dem Ball entgegen und lässt das Anspiel abklatschen. Der erste Spieler passt den Ball direkt weiter auf seinen Außenstürmer, der auch beim Trainerkommando gestartet ist. Er nimmt den Ball an, dribbelt weiter bis zum Hütchen, und flankt auf seine beiden Mitspieler, die in den Strafraum gesprintet sind.

⚽ Dribbel-, Finten- und Torschussübungen usw.

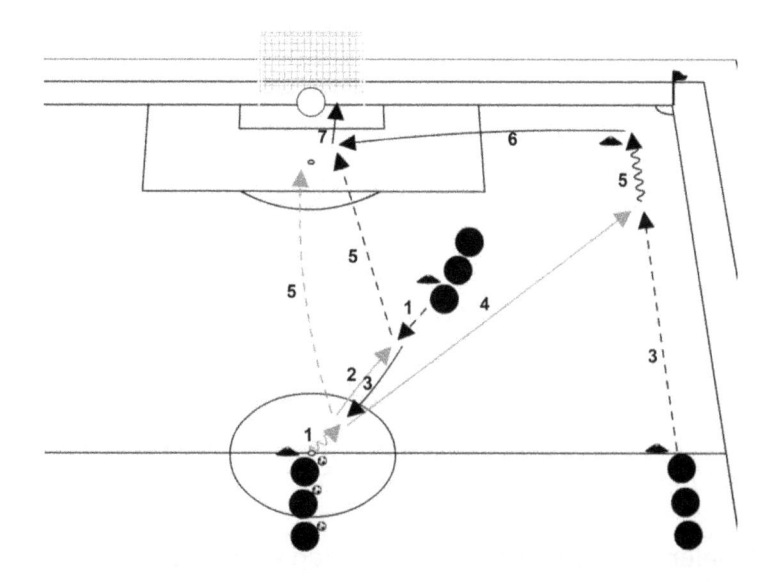

Pass, Ballannahme und Torschuss unter Bedrängnis

20 bis 25 Meter vor dem besetzten Tor wird jeweils eine Pylone rechts und links aufgestellt. Diese sind 20 Meter voneinander entfernt. Neben jedem Markierungshütchen stehen mehrere Spieler hintereinander. Die auf der linken Seite sind in Ballbesitz. In der Mitte werden zwei Pylonen mit einem Abstand von einem Meter hingestellt, aber einen Meter gegenüber den Starthütchen nach hinten versetzt.

Der erste Passgeber spielt zum ersten Spieler der anderen Gruppe. Dieser nimmt den Ball an, und läuft Richtung Tor. 10 bis 12 Meter vor dem Tor soll mit einem Torschuss

Dribbel-, Finten- und Torschussübungen usw.

abgeschlossen werden. Ganz so leicht wird es aber für den Schützen nicht. Der Passgeber wird nämlich sofort zu seinem Gegenspieler.

Denn nach dem Pass muss er sofort das Hütchentor durchlaufen, läuft dann dem anderen Spieler hinterher, und soll ihn aktiv am Torschuss hindern. Danach ist natürlich die nächste Gruppe an der Reihe. Nach jedem Durchgang werden selbstverständlich die Aufgaben und Positionen gewechselt. Die Torwartposition gehört ebenfalls dazu.

Variationen

- Es muss mit dem linken Fuß abgeschlossen werden.

- Die Spieler auf der rechten Seite werden zum Passgeber.

- Bis zum Torabschluss darf der Ball nur dreimal berührt werden (diese Vorgabe ist nur bei der E-Jugend sinnvoll).

Dribbel-, Finten- und Torschussübungen usw.

Angriff 2 gegen 1 mit Torabschluss

25 Meter vor dem Tor stehen mehrere Spieler hintereinander. Jeder hat einen Ball. 15 Meter vor dem besetzten Tor stehen ein Verteidiger und ein Stürmer zentral. Der erste Passgeber spielt den Stürmer an. Nach dem Anspiel darf der Verteidiger aktiv werden, und soll den Angriff stoppen. Passgeber und Stürmer sollen nun „irgendwie" zum Torerfolg kommen. Das kann durch Zusammenspiel oder ein Solo erfolgen. Nach dem Torabschluss oder „Klären" durch den Verteidiger erfolgt der nächste Angriff mit einem weiteren Passgeber. Allerdings wird gewartet, bis Verteidiger und Stürmer sich wieder in der Grundposition befinden. Alle drei Angriffe werden Torwart, Abwehrspieler und Stürmer ausgetauscht.

Variationen

- Die Übungsform wird mit zwei Verteidigern und zwei Stürmern ausgeweitet.

- Die Übungsform wird mit drei Verteidigern, zwei Stürmern und zwei Außenstürmern ausgedehnt. Nach dem zentralen Pass werden hierbei Passgeber und Außenstürmer aktiv. Die Außenstürmer starten hierbei von links und rechts auf der Höhe des Passgebers (diese Übung ist nur für die E-Jugend geeignet).

Dribbel-, Finten- und Torschussübungen usw.

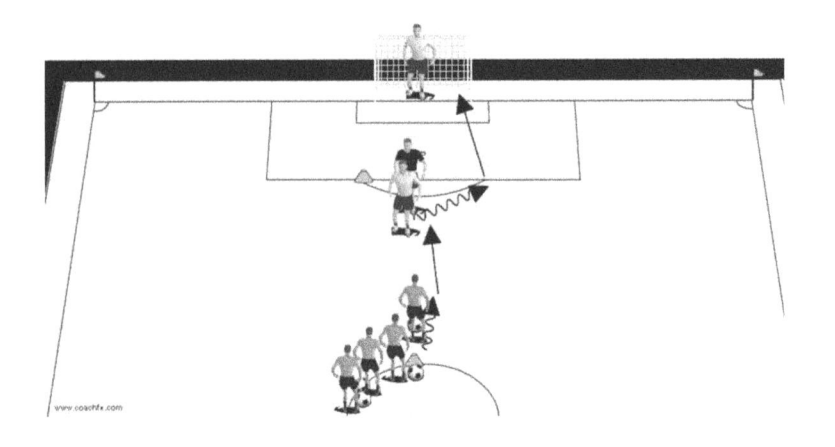

Mehrere Dribbelübungen in Wettkampfform oder mit Torschuss

Zwei Mannschaften werden gebildet. Die Spieler stehen jeweils hintereinander etwa 20 Meter vor einem Jugendtor, dass mit dem Trainer oder der Trainerin als Torwart besetzt ist. Jeder Spieler ist in Ballbesitz (nach Möglichkeit sind die Bälle jeder Mannschaft eindeutig zuzuordnen z.B. nach Farbe). Fast direkt vor dem „Startdribbler" jeder Mannschaft stehen jeweils vier Pylonen in einer Reihe hintereinander. Der Abstand der Markierungshütchen beträgt etwa einen Meter. Die Mannschaften sind etwa fünf Meter voneinander entfernt (siehe hierzu auch die nächste Abbildung).

Ablauf: Nach einem Trainerkommando laufen die „Startdribbler" los, führen den Ball Slalom durch die Pylonen,

Dribbel-, Finten- und Torschussübungen usw.

und schließen die Aktion mit einem Schuss aus 7 – 10 Metern ab. Die Entfernung wird hier wiederum der Schusskraft der Spieler angepasst. Der Trainer oder die Trainerin versucht die Bälle zu halten. Bei „Synchronschüssen" wird das allerdings sehr schwer.

Haben die „Startdribbler" geschossen, laufen die nächsten Kinder mit Ball los.

Fußballer, die ins Tor getroffen haben, beenden das Spiel, alle anderen müssen sich ihrer Mannschaft wieder hinten anstellen.

Die Mannschaft, die zuerst alle Bälle „versenkt" hat, ist Sieger.

Spielvarianten: Die Schusstechnik oder das Schussbein wird vorgegeben.

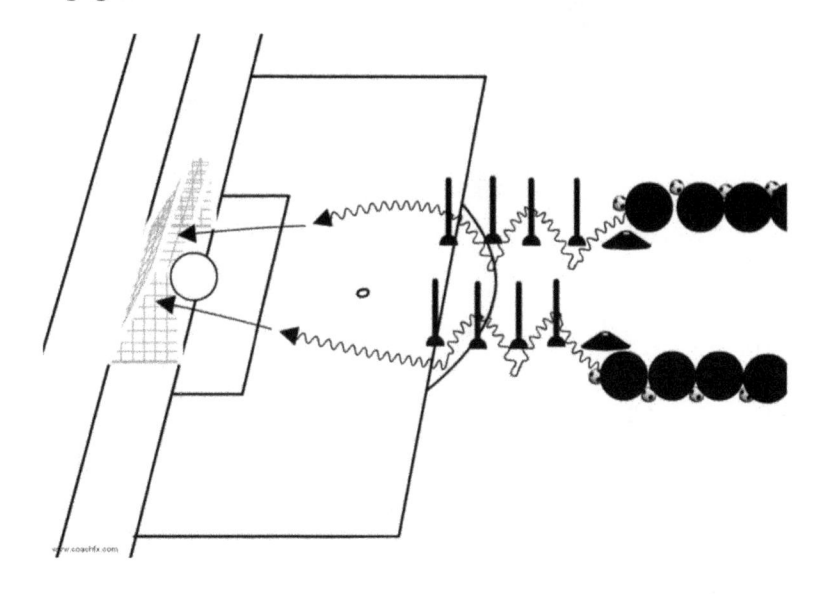

Dribbel-, Finten- und Torschussübungen usw.

Weitere Dribbel- und Torschussübungen

Es werden zwei Mannschaften gebildet (siehe nächste Abb.). Auf ein Startkommando laufen die Startläufer mit Ball los, durchdribbeln die Stangen. Dann durchlaufen sie das Tor innen (weiße Fahnen), umrunden die ausgewählte Fahne, müssen außen um die Pylone und dürfen jetzt zurückdribbeln oder passen. Der Ball darf erst zum nächsten Spieler gepasst werden, wenn sich der ballführende Spieler auf Höhe der letzten Stange befindet. Bei einem ungenauen Pass kann hier also Zeit verloren gehen. Die Mannschaft, die ihren letzten Dribbler mit Ball über die Startlinie bekommt, ist natürlich Sieger.

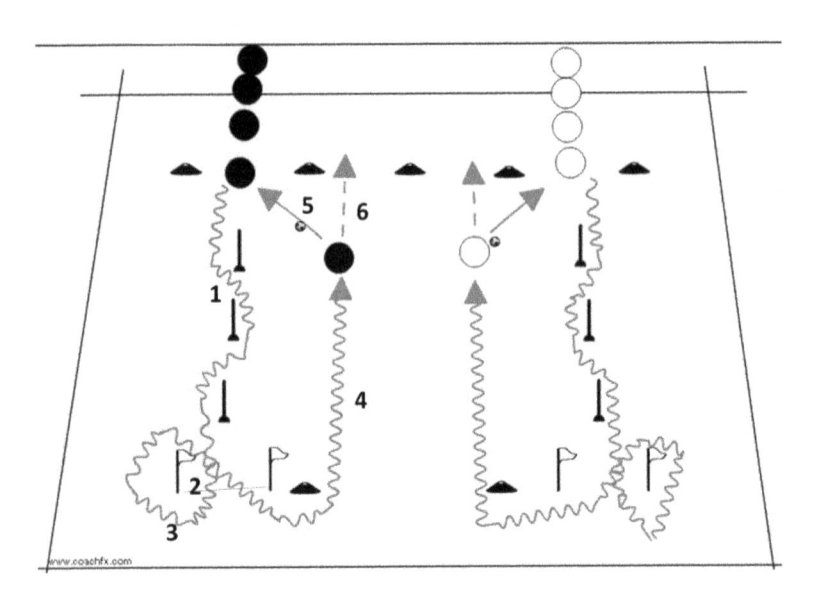

Dribbel-, Finten- und Torschussübungen usw.

- Bei dieser Übung passt Spieler A zu Spieler B, dieser dribbelt mit dem Ball zu der Position von Spieler A und übergibt dem nächsten Spieler den Ball und stellt sich dort hinten an. Spieler A durchläuft die Fahnenstangen im Slalom mit höchster Geschwindigkeit und stellt sich auf der anderen Seite an usw.

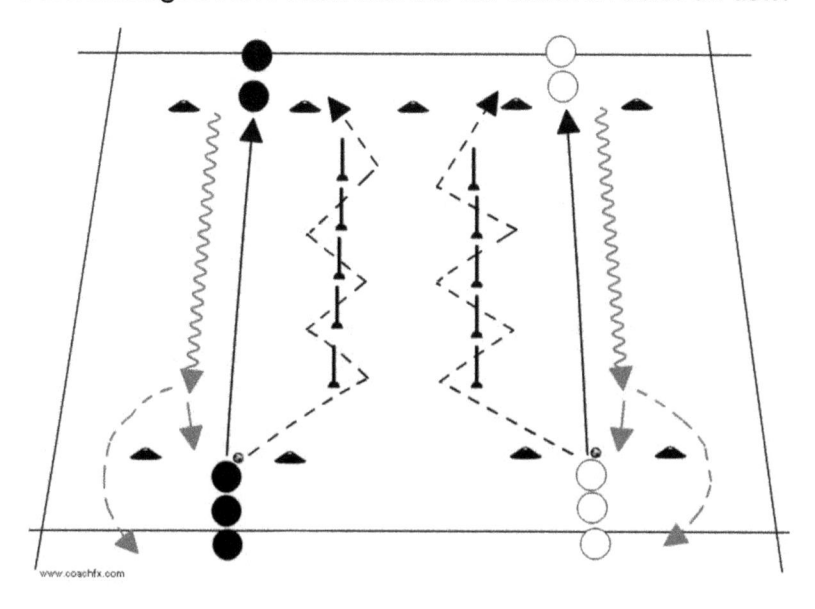

Bei der nächsten Übung stehen die Spieler, jeweils mit Ball hintereinander in einer Reihe zentral etwa 25 Meter vor dem Tor. Der erste Fußballer läuft mit Ball los, durchdribbelt die hintereinander aufgestellten vier Fahnenstangen und schließt mit einem Torschuss aus 10 – 15 Metern ab. Er nimmt sich wieder seinen Ball und stellt sich in der Reihe wieder hinten an. Bei dieser Übung wollen wir eine hohe Frequenz erreichen und der nächste Spieler läuft schon los, bevor der

Dribbel-, Finten- und Torschussübungen usw.

vorhergehende geschossen hat. Bei dieser Übung steht der Trainer oder die Trainerin im Tor und bestimmt die Frequenz und Schusstechnik. Wir wollen hier den Innenseitstoß und Innenspannstoß trainieren.

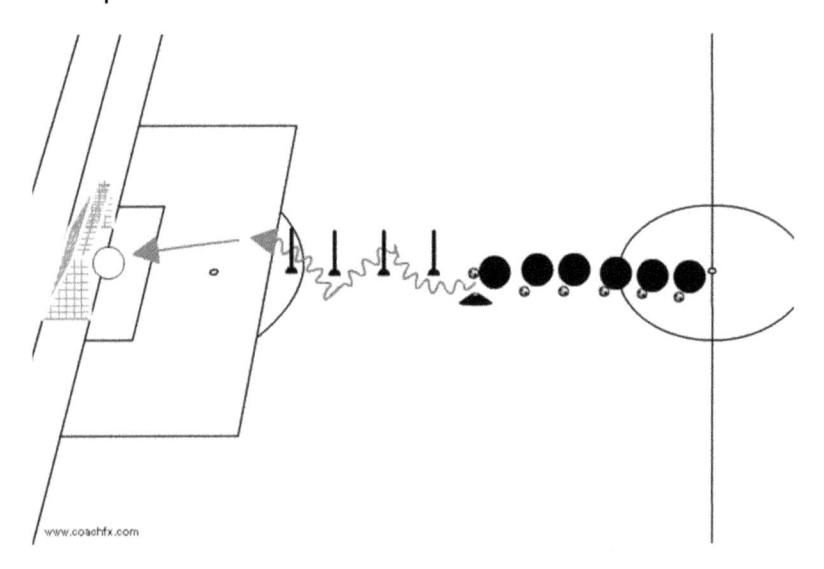

- Mit Pylonen werden zwei enge „Laufkanäle" geschaffen. Zwei Mannschaften werden gebildet, die sich hinter dem „Laufkanal" anstellen. Jeder Spieler ist in Ballbesitz. Auf ein Trainerkommando dribbeln die ersten Spieler mit höchstmöglicher Geschwindigkeit durch den „Kanal". Danach schießen sie aus einer Entfernung von etwa 7 – 12 Meter auf ein Minitor (siehe hierzu auch untere Abbildung). Jetzt startet das nächste Kind. Spieler, die getroffen haben, beenden den Wettkampf. Die anderen holen den Ball, und stellen sich ihrer Gruppe wieder an.

Dribbel-, Finten- und Torschussübungen usw.

Welche Mannschaft „versenkt" zuerst alle Bälle.

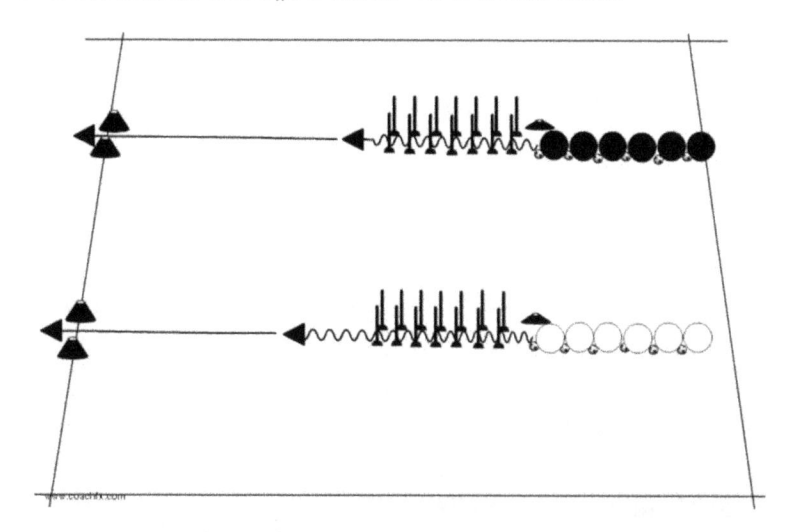

Torschussübung mit zwei Toren gleichzeitig

Diese Übung macht den kleinen Fußballern einen Riesenspaß. Es werden zwei Tore nebeneinander aufgebaut, beide Tore sind besetzt und fünf Meter voneinander entfernt. Vor den Toren wird ein Feld von 25 x 30 Meter abgesteckt. Die Verteidiger stehen hintereinander zwischen beiden Toren.
Die Angreifer stehen in der Mitte auf der anderen Seite, hintereinander mit jeweils einem Ball, und außerhalb des abgesteckten Feldes.

Ablauf: Der Trainer oder die Trainerin ruft den ersten Stürmer und den ersten Verteidiger auf. Der Stürmer dribbelt ins Feld, und soll auf eines der beiden Tore erolgreich abschließen. Der Verteidiger rennt ihm schnellstmöglich

Dribbel-, Finten- und Torschussübungen usw.

entgegen, und versucht ihn daran zu hindern. Der Stürmer darf den Verteidiger ausspielen oder direkt schießen. Danach wird das zweite Paar aufgerufen usw.
Die Positionen werden häufig gewechselt.

Weitere Dribbelübungen

Mit vier Pylonen wird ein 8 x 8 Meter großes Feld markiert. Mittig und etwa 8 Meter von jeder Quadratseite entfernt wird ebenfalls ein Markierungshütchen postiert und dient gleichzeitig als Starthütchen. An jedem stellt sich eine Gruppe hintereinander auf. Die Gruppen sind möglichst gleich groß, und jeder Spieler hat einen Ball.

Ablauf: Die ersten Spieler jeder Gruppe starten gleichzeitig, und sollen das Feld möglichst schnell mit enger Ballführung durchdribbeln. Kollisionen sollen vermieden werden. Die nächsten Spieler einer Gruppe starten, sobald der Vordermann das markierte Quadrat verlassen hat. Danach stellen sich die Dribbler der Gruppe gegenüber usw.
Diese Übung wird in jeder Variation auf zwei Minuten begrenzt, damit keine Langeweile entsteht.

Dribbel-, Finten- und Torschussübungen usw.

Variation

- Es muss ausschließlich mit dem linken Fuß gedribbelt werden.

- Innerhalb des Feldes muss mit Ballführung eine Drehung von 360° eingebaut werden.

- Dribbelrennen: Auf ein Startkommando muss der erste Dribbler jeder Gruppe erst direkt an das Quadrat herandribbeln, und dann im Uhrzeigersinn möglichst eng das abgesteckte Feld umdribbeln. Schließlich geht er zu seiner Gruppe zurück, und der Ball wird an den nächsten Spieler übergeben. Welche Gruppe ist zuerst fertig?

- Jetzt wird der Wettkampf gegen den Uhrzeigersinn gestartet.

Dribbel-, Finten- und Torschussübungen usw.

Kleine Übungsreihe für Finten

Der Trainer oder die Trainerin erklärt Finten, die die Kinder mit Ball, und erst einmal nur mit imaginärem Gegner üben sollen. Die Übungsdauer wird auf 5 Minuten begrenzt.
In dieser Einheit werden zwei **leichte** Finten erklärt. Im Anschluss daran werden weitere Finten erklärt, die dann in anderen Trainingseinheiten trainiert werden sollen. So ergibt sich durch Austausch eine Vielzahl weiterer kompletter Trainingstage.
Zur Verbesserung und Einprägung dieser Techniken, sollten Finten natürlich in mehreren Einheiten wiederholt werden.

Die Art der Finten wird dem Alter und der Leistungsfähigkeit der Kinder angepasst.

Dribbel-, Finten- und Torschussübungen usw.

Wir stellen hier 2 einfache Finten vor:

Finte 1: Die Spieler dribbeln mit Ball, täuschen einen Schuss kurz vor dem Gegenspieler an, dribbeln aber an ihm vorbei (hier ist die Hoffnung darauf gelegt, dass der Gegenspieler durch einen Schutzreflex oder Abwehrversuch des möglichen Torschusses kurz abgelenkt ist, und deswegen leicht umspielt werden kann).

Finte 2: Es wird wieder ein Schuss wie in Finte 1 angetäuscht, diesmal vollzieht der Spieler aber eine komplette Drehung mit Ball (360°) und zieht mit Ball an der anderen Seite vorbei. D.h., er täuscht einen Schuss mit rechts an, dreht sich mit Ball rechts um die eigene Achse und umspielt den Gegenspieler auf der linken Seite (dementsprechend mit dem linken Fuß umgekehrt).

- Die Hauptübung dauert etwa 10 Minuten. Ein Tor ist besetzt, etwa 15 Meter zentral vor dem Tor postiert sich der Trainer oder die Trainerin. 10 Meter weiter davor stehen die Spieler hintereinander in einer Reihe. Mit Betreuer oder Co-Trainer wird an zwei Stationen gleichzeitig trainiert, an jeder Station nur eine Finte mit Wechsel nach etwa 5 Minuten. Die Spieler laufen zügig nacheinander auf den Trainer zu und üben ihre Finte aus, ziehen am Trainer vorbei und schießen aus etwa 10 Meter Entfernung auf das Tor. Der Trainer ist natürlich nur ganz leicht aktiv tätig.

⚽ Dribbel-, Finten- und Torschussübungen usw.

Bei dieser Übung sollte der Torwart häufig gewechselt werden.

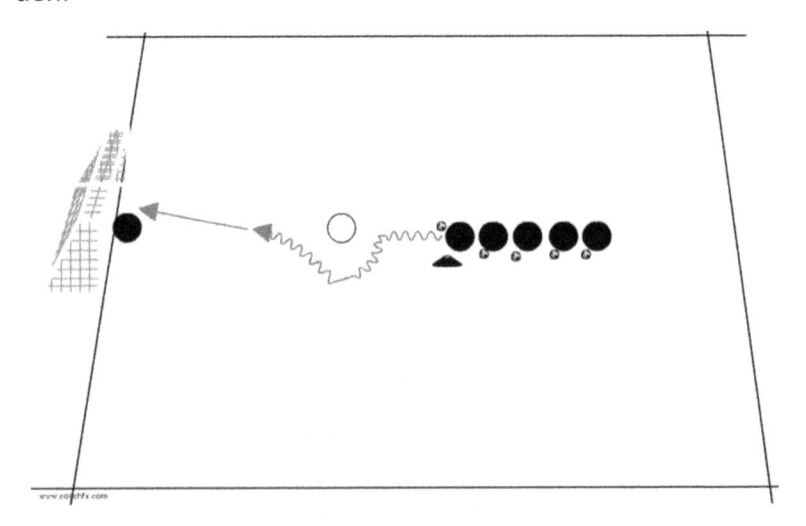

Dribbeln im Quadrat

Es wird ein Feld von 15 x 15 Meter mit Pylonen markiert. Vier Meter vor jedem dieser Starthütchen wird in das Feld eine weitere Pylone positioniert. Die Spieler verteilen sich nun gleichmäßig hintereinander an den vier Starthütchen. Jeder Spieler ist in Ballbesitz (siehe Abbildung unten).

Die ersten Fußballer jeder Gruppe starten gleichzeitig, umkurven das Hütchen im Quadrat, führen den Ball zur gegenüberliegenden Gruppe, und stellen sich dort hinten an. Jetzt starten die Nächsten aus jeder Gruppe usw.

Dribbel-, Finten- und Torschussübungen usw.

Variationen

- Der Ball darf nur mit links geführt werden.

- Das Hütchen muss in die andere Richtung umkurvt werden.

- An der Pylone wird zuerst ein Schuss angetäuscht, bevor sie umdribbelt wird.

- Am Hütchen muss eine bestimmte Finte durchgeführt werden.

- Der Ball muss mit dem rechten oder linken Fuß im Lauf über die Pylone gehoben werden.

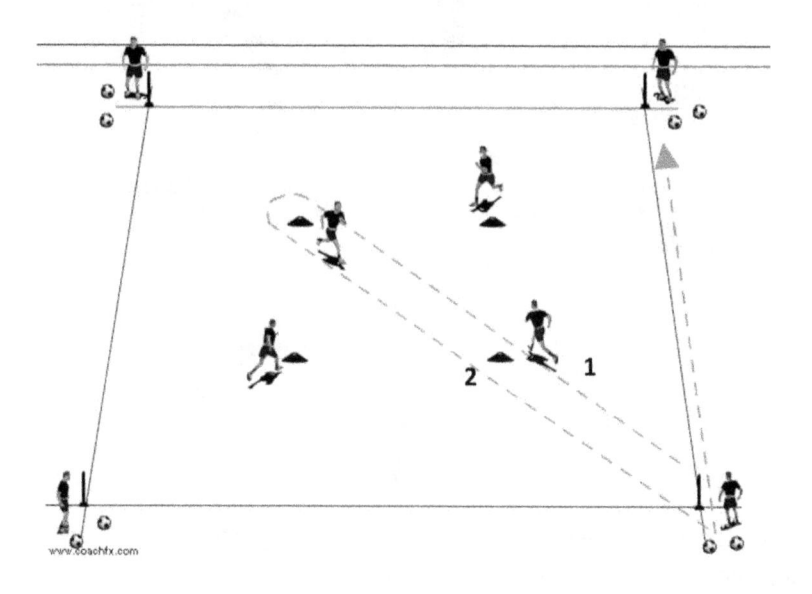

Dribbel-, Finten- und Torschussübungen usw.

Dribbeln im Kreis

Drei Spieler stehen jeweils hintereinander, der Vordere ist in Ballbesitz und steht neben einer Pylone. Acht Meter von dem jeweiligen Startdribbler entfernt steht eine „Wendepylone".
Er dribbelt zu diesem Hütchen, zieht den Ball dort mit der Sohle zurück, dribbelt wieder zum Starthütchen. Hier übergibt er den Ball und stellt sich hinten an.
Zuerst soll die komplette Übung ausschließlich mit dem rechten Fuß durchgeführt werden, nach zwei bis drei Wiederholungen wird nur der linke Fuß eingesetzt.

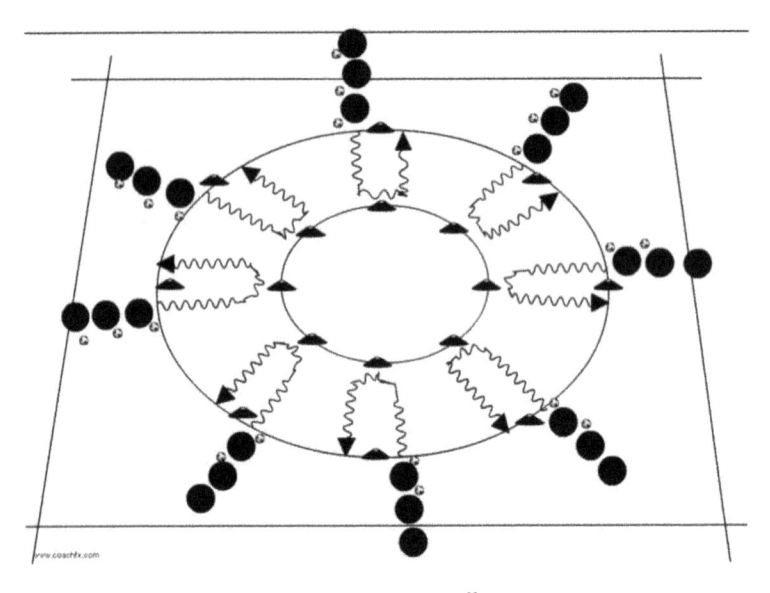

Danach erfolgt eine Variation der Übung. Die Spieler sollen sich komplett um das Hütchen mit enger Ballführung drehen. Auch hier wird die Übung anfangs nur mit dem rechten Fuß

Dribbel-, Finten- und Torschussübungen usw.

geübt, einmal erfolgt die Drehung im Uhrzeigersinn, dann entgegengesetzt.
Nach einigen Wiederholungen ist der linke Fuß dran.

Zum Abschluss ist natürlich ein Wettkampf an der Reihe, mit Drehung in beliebiger Form um die Pylone. Jeder Spieler muss zweimal an den Start gehen.

Diverse Torschussübungen ab E-Jugend

- Zwei Spieler stehen etwa 40 Meter vor dem Tor und spielen sich den Ball in der Laufbewegung auf das Tor direkt zu.   Je nach Schussstärke wird das Passen mit einem Schuss aus   15 – 20 Meter Entfernung abgeschlossen.

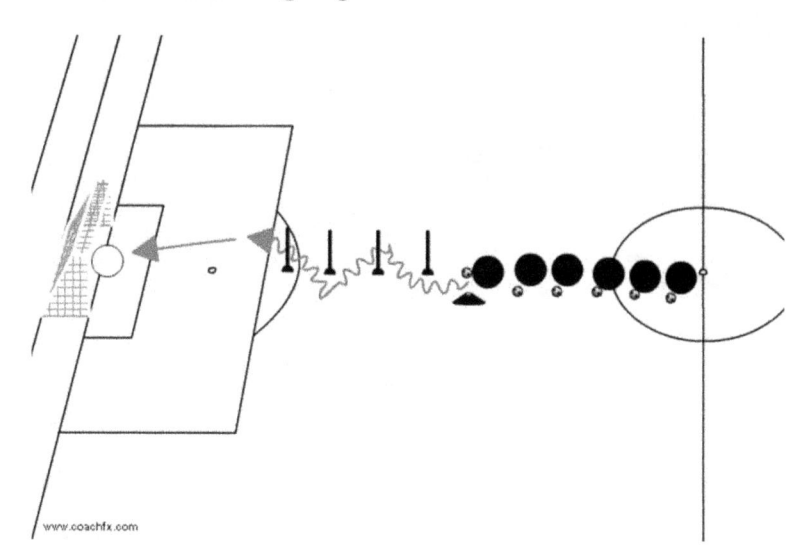

Dribbel-, Finten- und Torschussübungen usw.

Technikübung

Die folgende Übung schult Einwurf, Stoppen, Passen, Dribbeln, Torschuss und Torwartqualitäten gleichzeitig.

Ablauf: Ein Tor wird mit einem Torwart besetzt. Vor diesem werden vier Pylonen wie in der Zeichnung aufgestellt. Die Spieler verteilen sich an den Markierungshütchen. Die Spieler bei A an der Seitenlinie besitzen jeweils einen Ball. A wirft den Ball mittels eines Einwurfs zu B, der den Ball direkt zurück zu A passt. A wiederum spielt den Ball flach und hart zu C. Dieser nimmt den Ball Richtung Tor an, dribbelt einige Meter und spielt anschließend auf den Spieler D, der direkt oder nach einer kurzen Ballkontrolle auf das Tor schießt.

Nach diesem Torschuss rücken die beteiligten Spieler eine Position weiter.

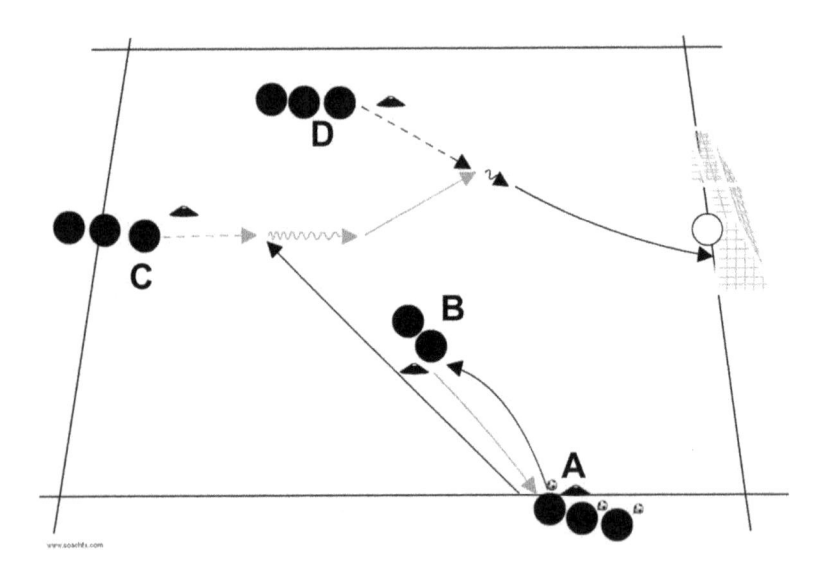

⚽ Dribbel-, Finten- und Torschussübungen usw.

- Ein Spielfeld mit einem besetzten Tor und zwei Zonen wird aufgebaut. In der äußeren Zone spielen sich 5 – 8 Spieler direkt und möglichst schnell den Ball zu. Die Spieler sind dabei permanent in Bewegung. Auf ein Trainerkommando dribbelt der jetzige Ballbesitzer auf das Tor zu und schließt mit einem Torschuss aus etwa 10 bis 12 Metern ab.

Die Spieler in der zweiten Zone werden sofort mit einem weiteren Ball „gefüttert" und das Spiel beginnt von vorne.

Die Torschützen laufen mit ihrem Ball zurück, übergeben diesen dem Trainer und begeben sich wieder in die äußere Zone.

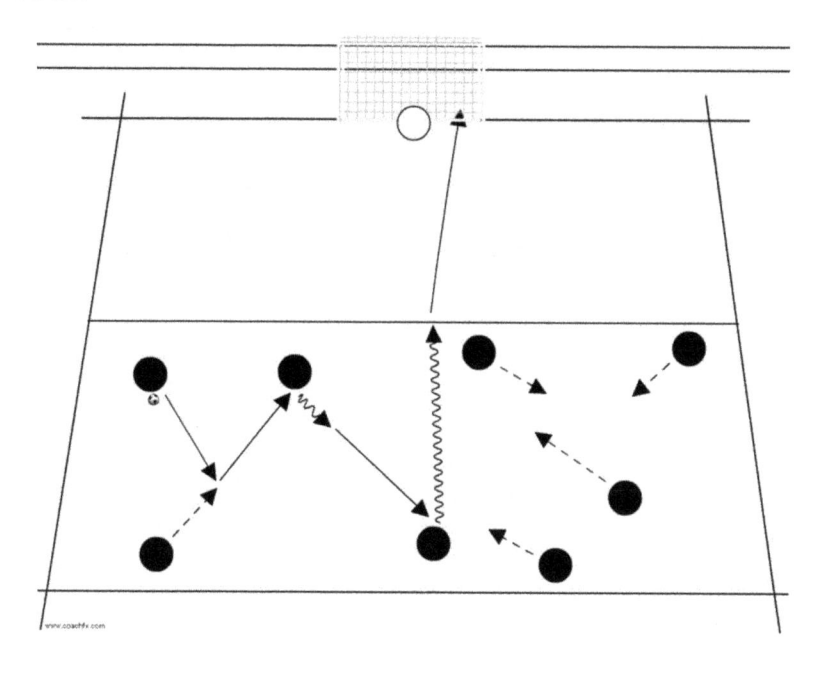

Dribbel-, Finten- und Torschussübungen usw.

- Ein Tor wird mit einem Torwart besetzt. Vier Pylonen werden wie in der Zeichnung aufgebaut und mit je einem Spieler belegt, wobei Spieler A im Besitz mehrerer Bälle ist oder, mehrere Spieler mit Ball bei A stehen.
Spieler A passt zu B, dieser zu C, dieser wiederum zu D, der mit einem Torschuss abschließt. Danach beginnt die Übung von vorne. Hat der Spieler A alle Bälle weitergeleitet, werden diese gesammelt und die Übung wird wiederholt, allerdings rotieren alle Spieler eine Position weiter. Am Anfang dürfen alle Spieler den Ball kurz annehmen. Nachdem jeder Spieler alle Positionen ausprobiert hat, wird die Übung wiederholt, aber diesmal darf nur direkt abgespielt oder geschossen werden.

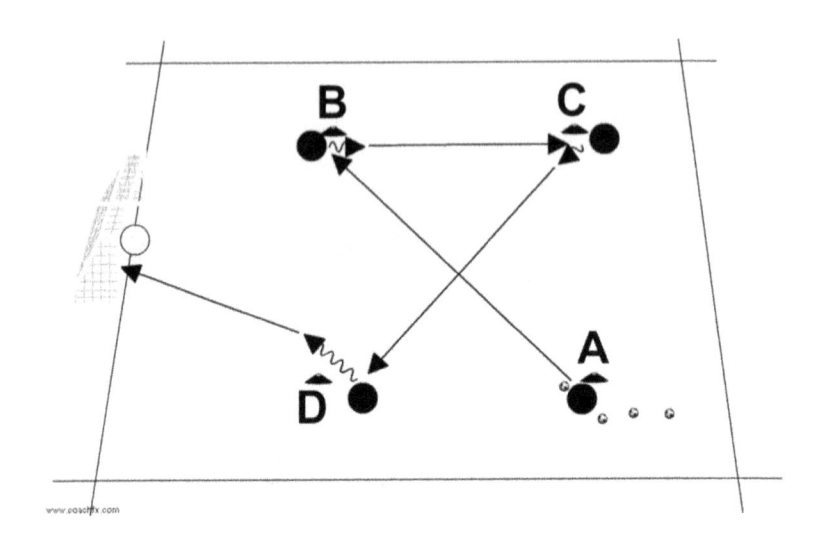

⚽ Dribbel-, Finten- und Torschussübungen usw.

- Bei dieser Übung wird wieder ein Tor besetzt und drei Pylonen wie in der Zeichnung aufgebaut. Die Markierungshütchen C und B sind mit je einem festen Spieler belegt. Hinter Pylone A stehen mehrere Spieler mit Ball hintereinander. Der erste dieser Spieler passt zu B, dieser lässt den Ball zu C „abtropfen".

Spieler C passt nun direkt in den Lauf von A, der möglichst direkt den Torabschluss suchen soll.

Danach startet möglichst schnell der nächste Fußballer von der Pylone A usw.

Die „festen" Positionen werden relativ häufig gewechselt. Weiterhin empfiehlt es sich ab zwölf Spielern, die Übung an zwei Stationen durchzuführen, bzw. an der zweiten Station wird gleichzeitig eine andere Übung eingebaut.

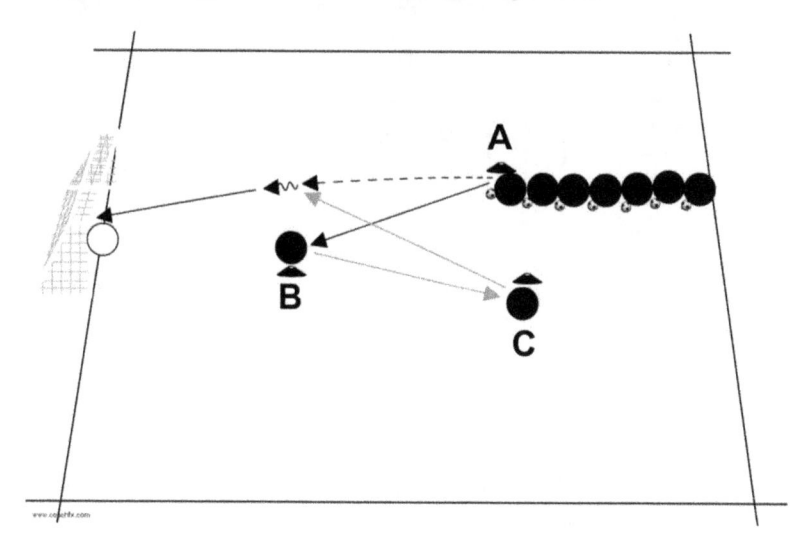

⚽ Dribbel-, Finten- und Torschussübungen usw.

- Es wird mit Hürden, Stangen ein beliebiger Parcour aufgebaut, der den Leistungsstand der Kinder berücksichtigt. Ein Tor wird aufgebaut und mit einem Torhüter besetzt. Die Bälle sind bei dem Zuspieler und dem Werfer.
Der erste Fußballer ohne Ball springt über die Hürden, gefolgt von Skipping über die Stangen, ein Kopfball nach Zuwurf von unten mit einem nicht hart aufgepumpten Ball, ein Sprint Richtung Zuspieler, der den Spieler anspielt und mit einem Torschuss abschließt. Die Kinder sollen danach den Ball zum Zuspieler zurückbringen und zum Startpunkt zurückgehen. Die Betonung liegt auf „gehen", damit eine Erholungsphase gegeben ist. Die Übung wird dreimal je Spieler wiederholt.

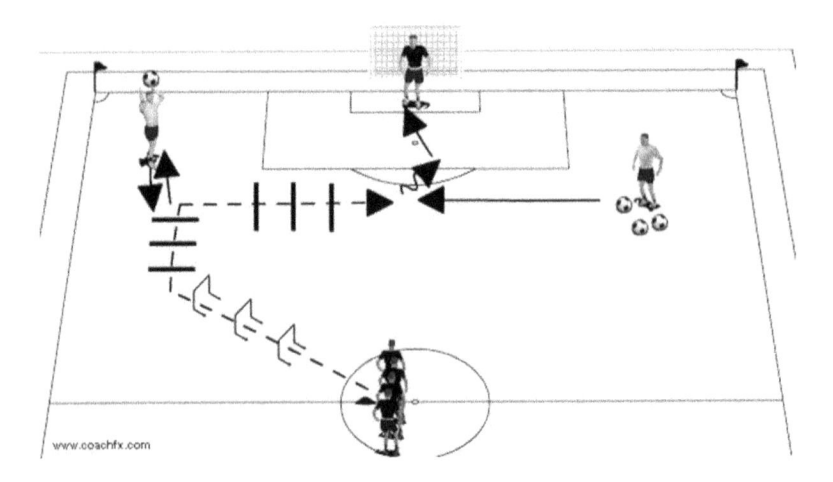

- Bei dieser Übung wird auf ein großes besetztes Tor und zwei Pylonentore gespielt (siehe folgende Zeichnung). Das große Tor wird von vier Feldspielern (weiß) verteidigt. Sechs Gegenspieler (schwarz) stürmen auf das besetzte Tor,

114

Dribbel-, Finten- und Torschussübungen usw.

müssen aber bei Ballverlust die „Hütchentore" schützen.
Der Abschluss auf das große Tor soll dabei so schnell wie möglich erfolgen.
Nach einigen Minuten werden die Verteidiger ausgetauscht.

Nach dieser Übung wird die ganze Situation „verschärft". Jetzt wird die Angreiferzahl auf sieben erhöht. Es darf aber nur mit maximal drei Ballkontakten agiert werden.

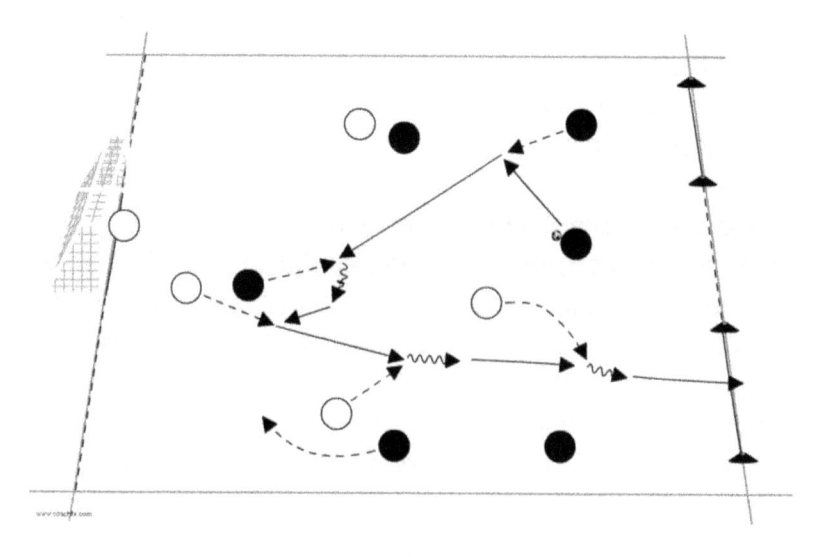

- Die folgende beschriebene Übung dient zur Förderung der Grundschnelligkeit und Konterqualität.
Sie wird nur mit 2 – 3 Durchgängen trainiert und bringt in Bezug auf Grundschnelligkeit nur einen Trainingseffekt bei vollkommen ausgeruhtem physischen Zustand.

Dribbel-, Finten- und Torschussübungen usw.

Bei Ermüdung, Erschöpfung oder Übersäuerung des Körpers ist diese spezielle Übung für ein Schnelligkeitstraining sinnlos. Weiterhin muss eine Pausenlänge von mindestens zwei Minuten eingehalten werden.
Alleine schon wegen dieser Pausenlänge werden nur 2 – 3 Durchgänge absolviert, um unnötige Langeweile zu vermeiden.
Außerdem fördert die Übung die Fähigkeit, den Ball im vollen Lauf mitzunehmen und mit einem schnellen Torschuss abzuschließen (Konterfähigkeit). Zur Schulung nur dieser Fähigkeit, kann die Übung auch unter einer leichten Trainingsermüdung erfolgen.

Übungsablauf: Die Kinder stehen etwa 45 – 50 Meter zentral vor dem Tor mit Torwart hintereinander in einer Reihe. Der Erste läuft an und beschleunigt submaximal (keine volle Beschleunigung), so dass er erst nach 20 Metern die höchste Laufgeschwindigkeit erreicht (bei voller Beschleunigung erreicht diese Altersgruppe die Höchstgeschwindigkeit schon nach 10 Metern). Die 20 Meter sind mit einem Pylonenpaar (parallel mit zwei Meter Abstand) markiert. Hier erreicht der Läufer seine Höchstgeschwindigkeit und hält diese über 10 Meter, dann durchläuft er ein zweites Hütchenpaar (gleich aufgestellt, etwa 10 Meter vom ersten Hütchenpaar entfernt), reduziert die Geschwindigkeit etwas und bekommt vom Trainer den Ball in den Lauf gespielt. Der kleine Fußballer soll nun den Ball mit dieser hohen Laufgeschwindigkeit verarbeiten, annehmen, kontrolliert vorlegen und mit einem wuchtigen Torschuss aus 10 – 15 Meter abschließen (je nach Schussstärke).

Dribbel-, Finten- und Torschussübungen usw.

Meter abschließen (je nach Schussstärke).
Nach diesem Torschuss startet der nächste Läufer, der Schütze befördert den geschossenen Ball wieder zum Trainer und stellt sich hinten in der Schlange wieder an.

Ist der Startläufer wieder an der Reihe, unterbricht der Trainer kurz und erklärt, welche Fehler gemacht wurden oder was noch besser gemacht werden kann (hier wird dann auch eine minimale Pausenlänge von zwei Minuten garantiert).

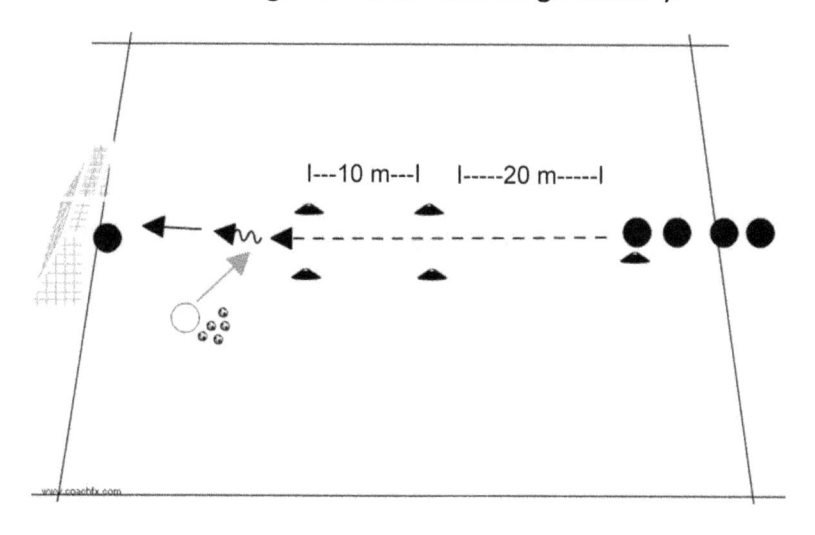

- Bei der folgenden Übung passt Spieler A dem ersten Spieler B in den Lauf, dieser dribbelt Richtung Torauslinie und flankt zu den beiden Stürmern. Der Torwart und ein Abwehrspieler versuchen den Torerfolg zu verhindern. Nach dieser Aktion spielt der Zuspieler A den nächsten Spieler der zweiten Gruppe B an und zwei neue Stürmer treten in Aktion.

Dribbel-, Finten- und Torschussübungen usw.

Die aktiven drei Angreifer schließen sich nach Abschluss der jeweiligen Reihe wieder an.
Flankengeber, Anspieler, Stürmer und Abwehrspieler werden natürlich regelmäßig ausgetauscht.

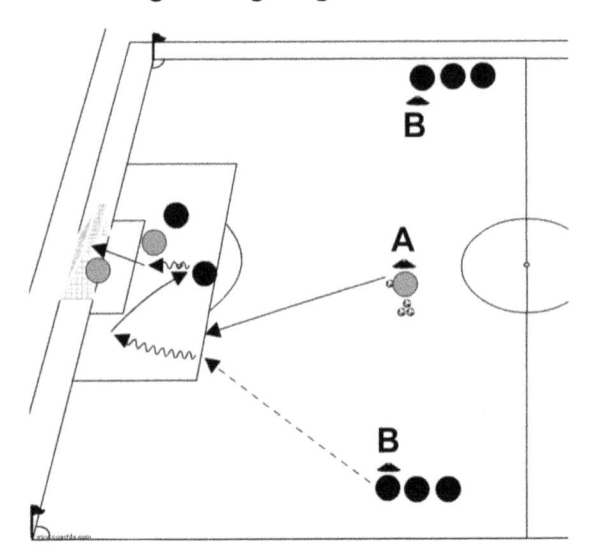

- Jetzt wird der Schwierigkeitsgrad der vorigen Übung erhöht. Zuspieler A spielt den Ball wieder zu dem ersten Spieler B. Diesmal wird der potentielle Flankengeber aber von einem Abwehrspieler Spieler C verfolgt. Dieser startet dabei etwas hinter B und soll ihn einholen und die Flanke verhindern. Spieler B darf die Flanke erst kurz vor der Torauslinie schlagen. An dieser Stelle soll den Spielern erklärt werden, dass sie den Abwehrspieler „kreuzen" sollen, sobald sie merken, dass er zu „nah" kommt.
Jetzt muss der Verfolger die Laufgeschwindigkeit reduzieren und wieder eine neue Laufrichtung einschlagen. Tut er dies

Dribbel-, Finten- und Torschussübungen usw.

nicht, läuft er den Angreifer um, der dann einen Freistoß oder sogar einen Elfmeter zugesprochen bekommt.

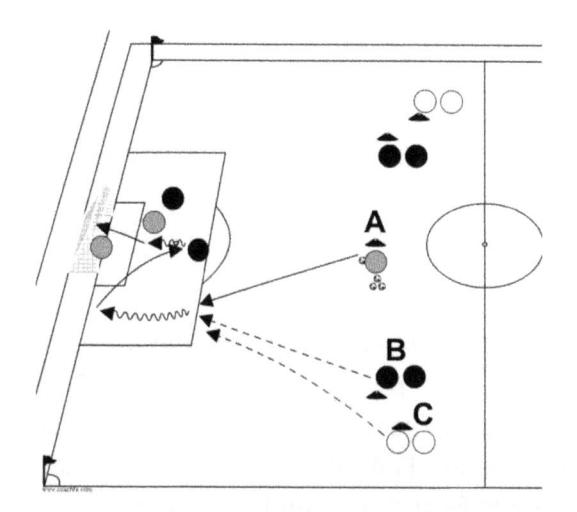

Vollspannstoßübungen

Im Folgenden wird ein kompletter Hauptteil des Trainings vorgestellt, in dem ausschließlich der Vollspannstoß (überwiegend Grundlagentraining) geübt wird.

Vorbereitende Übungen:

- Die Kinder halten den Ball mit beiden Händen vor dem Körper. Sie sollen dann den Ball etwas hochwerfen und den Ball etwa in Kniehöhe mit dem Vollspann mit mittlerer Stärke treffen. Der Ball soll dabei möglichst gerade nach vorn fliegen (diese Übungen werden am besten vor einem großen Tor durchgeführt, damit die Laufwege zum Ball nicht zu lang werden). Es werden beide Füße abwechselnd trainiert.

Dribbel-, Finten- und Torschussübungen usw.

- Diesmal soll der Ball mit dem Vollspann getroffen, senkrecht nach oben geschossen werden.

- Gleiche Übung, aber jetzt stehen die Spieler 2 – 3 Meter vor dem Tor und sollen den Ball hoch ins Netz schießen.

- Gleiche Übung wird jetzt mit höchster Intensität trainiert.

- Gleiche Übung, aber jetzt soll der Ball in Dropkickform getroffen werden.

- Jetzt wird ein Strafstoßschießen mit Vollspann geübt abwechselnd mit links und rechts und auf zwei Tore, damit eine Übungshäufigkeit garantiert ist. Auch wenn die Übungen mit dem schwachen Fuß wirklich sehr „erbärmlich" aussehen, trainieren wir in E- und D-Jugend beidfüßig.
„Was Hänschen nicht lernt, lernt Hans nimmer mehr", lautet hier die Devise.

Diese Grundübungen oder andere, werden beim Training wiederholt eingesetzt, bis eine Grundtechnik vorhanden ist und dynamische Übungen sinnvoll eingesetzt werden können (für die nächsten Übungen Voraussetzung).

- Wie in der Skizze auf Seite 121 dargestellt passt der erste Spieler mit Ball den Mittelfeldspieler an und läuft seinem Anspiel hinterher. Der Mittelfeldspieler spielt direkt zu dem Spieler an der Strafraumgrenze. Dieser lässt wieder abprallen, worauf der Mittelfeldspieler mit einem Torschuss abschließt. Die Entfernungen sollten der jeweiligen Schusskraft der Mannschaft angepasst sein!

⚽ Dribbel-, Finten- und Torschussübungen usw.

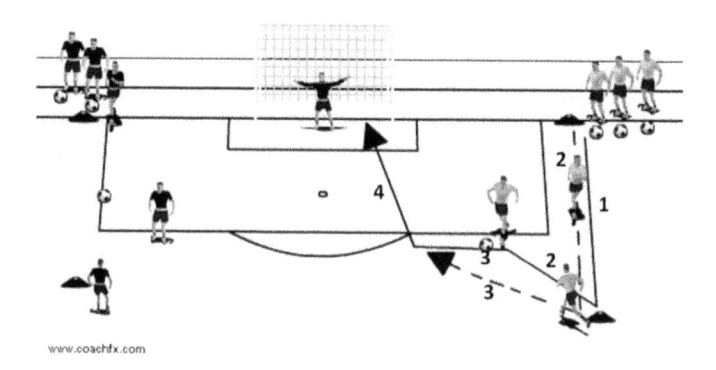

- Der Trainer steht mit vielen Bällen im Tor. Die Kinder stehen 20 Meter zentral vor dem Tor in einer Reihe. Der Trainer schießt den Ball leicht Richtung erstem Schützen, so dass er den Ball etwa 10 – 15 Meter vor dem Tor erwischt. Der Fußballer läuft dem Ball entgegen und soll ihn mit voller Wucht und Vollspann auf den Trainer abfeuern. Dieser versucht, auszuweichen und passt mit höchstmöglicher Geschwindigkeit auf den nächsten Schützen usw.

Danach wird die Übung leicht verändert, jetzt sollen die Kinder den Ball genau „in den Winkel" rechts oder links oben platzieren.

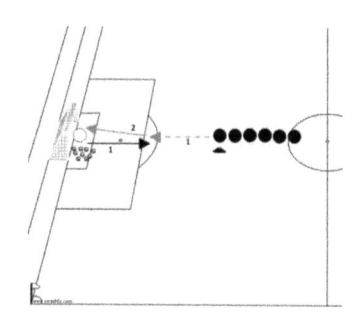

Dribbel-, Finten- und Torschussübungen usw.

Übungen für Doppelpass und sicheren Torschuss

- Bei der folgenden Übung trainieren wir direktes Spiel und den sicheren Torabschluss. Ein Tor wird mit einem Torwart besetzt. Bei einer hohen Spieleranzahl sollte auf zwei Tore trainiert werden.
Die Pylonen werden wie in der Zeichnung dargestellt, aufgestellt. An den Markierungshütchen A, B und C steht jeweils ein Spieler. Bei D stehen mehrere Spieler hintereinander.
A passt auf B, B spielt an C direkt weiter und C direkt in den Lauf von D, der mit einem Torschuss abschließt. Sofort nach dem Torschuss startet die nächste Runde und der zweite Spieler bei D beendet das Ganze wieder mit einem Torschuss. Die Schützen holen sich ihren Ball zurück und stellen sich wieder an der Pylone D hinten an.
Die jeweiligen Positionen werden relativ häufig getauscht.

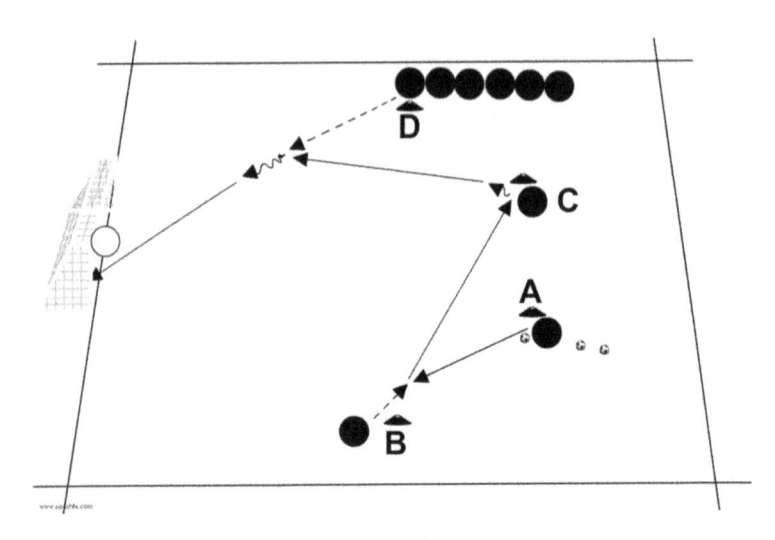

Dribbel-, Finten- und Torschussübungen usw.

- Ein Tor wird besetzt, der erste Spieler in der Reihe spielt nacheinander mit den festen Positionsspielern Doppelpass und schließt mit einem Torschuss aus 15 Metern ab.

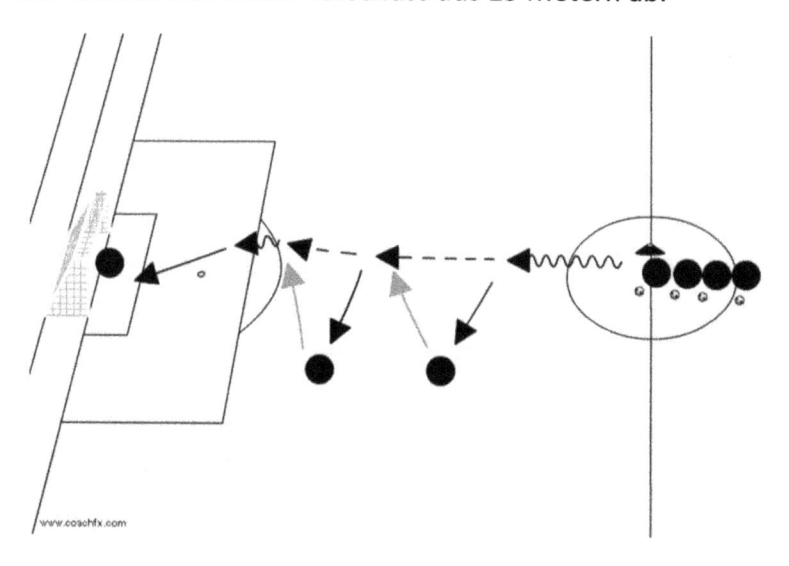

- Jetzt werden zwei oder vier Felder, wie in der Zeichnung abgebildet, erstellt, je nachdem ob die Übung an ein oder zwei Stationen trainiert wird. Die Tore sind besetzt. Im Feld des Torbereiches stehen zwei Abwehrspieler und zwei Stürmer. Im Mittelfeld spielen vier Angreifer in Ballbesitz gegen einen Abwehrspieler.
Sie müssen sich den Pass fünfmal direkt zuspielen (oder maximal zwei Ballkontakte). Der Abwehrspieler versucht dies zu verhindern.

Dribbel-, Finten- und Torschussübungen usw.

Nach dem fünften erfolgreichen Pass, läuft der Ballbesitzer in das andere Feld (der Abwehrspieler darf ihn immer noch daran hindern) und sucht den schnellen Torabschluss mit den beiden Stürmern.
Alle anderen Spieler dürfen das hintere Feld nicht verlassen.
Sollte der Abwehrspieler in Ballbesitz kommen, darf er ungehindert in das andere Feld. Hier werden nun die Rollen getauscht, die Abwehrspieler werden zu Stürmern und umgekehrt.
Wehrt der Abwehrspieler den Ball gegen seine vier Gegenspieler ins „Aus" ab, beginnt die Übung von vorn.
Nach einem Angriff wird die Übung ebenfalls wiederholt.
Die Positionen werden natürlich regelmäßig getauscht.
Wird die Übung parallel an einer zweiten Station trainiert, gewinnt z.B. die Mannschaft, die zuerst drei Tore erzielt.

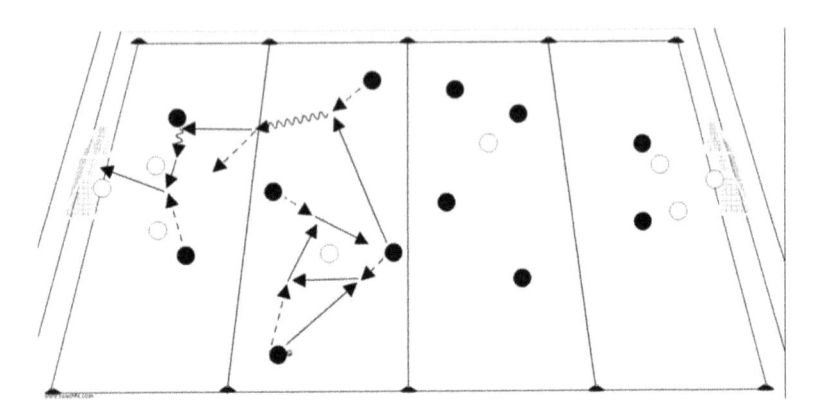

Dribbel-, Finten- und Torschussübungen usw.

Komplexe Übungen

Die erste beschriebene Übung ist nur für die ältere E-Jugend geeignet. Die folgenden Übungen sind für F- und E-Jugend gleichermaßen durchführbar.

- Bei dieser interessanten Übung können wir die gesamte Mannschaft sinnvoll beschäftigen und vielfältige technische Trainingsreize setzen.

Übungsaufbau: siehe nächste Seite.

Übungsablauf: A spielt den weiten Pass zu B, der zu C weiterpasst. Nach einer kurzen Ballkontrolle spielt C Spieler D in den Lauf. Dieser nimmt den Ball im vollen Lauf an und dribbelt zur Torauslinie und flankt den Ball in den Strafraum.

Zwei Stürmer versuchen gegen einen Torwart und einen Abwehrspieler ein Tor zu erzielen.
Nach jedem Durchgang rücken die Spieler A bis D eine
Position weiter.
Natürlich werden auch die Stürmer und Abwehrspieler gelegentlich getauscht.

Dribbel-, Finten- und Torschussübungen usw.

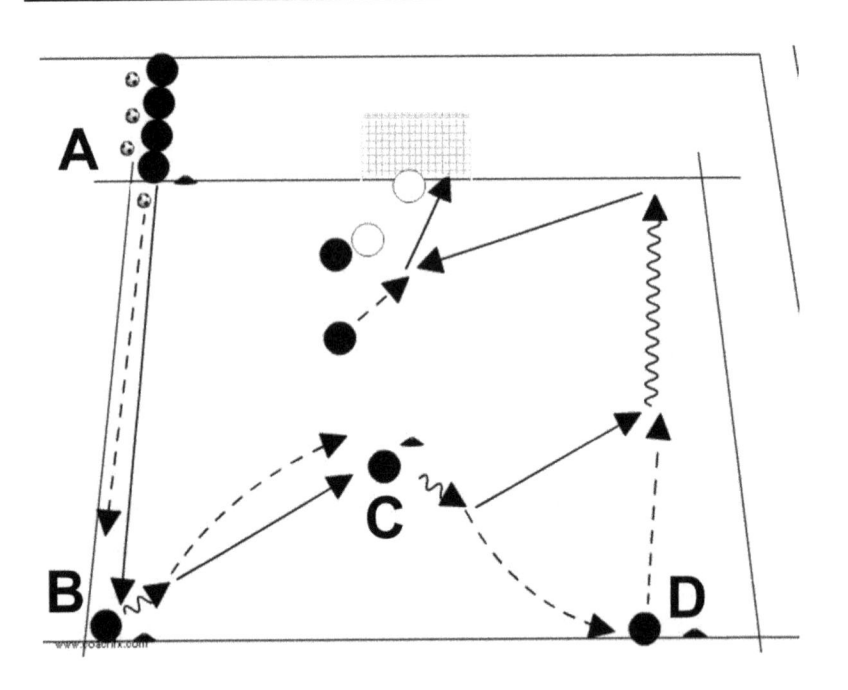

Dribbel-, Finten- und Torschussübungen usw.

- Hier beschreiben wir eine leichte Eckballübung.
Die beiden Flankengeber stehen mit ihren Bällen weiter vom Tor entfernt an der Torauslinie und bringen abwechselnd Eckbälle herein.
Die Entfernung wird so gewählt, dass alle Spieler brauchbare Flanken hereinbringen können. Ein Spieler steht im Tor mit Unterstützung eines Abwehrspielers. 20 Meter zentral vor dem Tor stehen die Kinder in Zweiergruppen hintereinander. Wenn sie gemeinsam Richtung „Tor" laufen erfolgt eine Flanke von links oder rechts. Die beiden Spieler sollen nun irgendwie zum Torerfolg kommen (Direktabnahme, Kopfball, Dribbling oder Abspiel), der Abwehrspieler und der Torwart sollen sie daran hindern. Nach dieser Aktion wird der Ball zum Flankengeber zurückgepasst. Das nächste Paar startet und die vorherige Zweiergruppe stellt sich in der Reihe hinten wieder an.
Nach einiger Zeit werden die Positionen natürlich wieder getauscht.

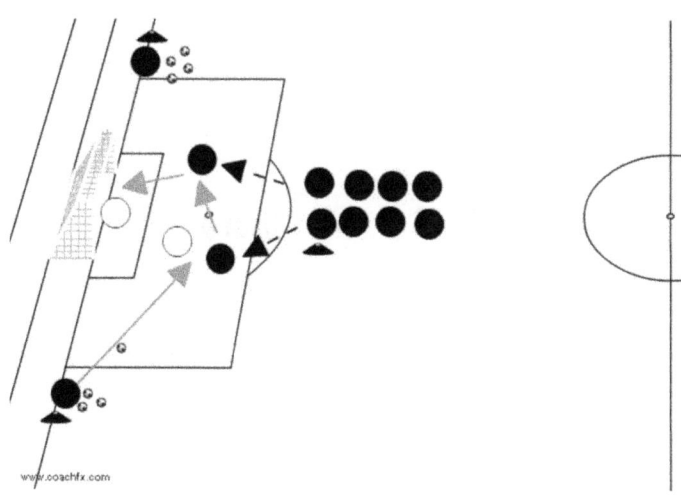

Dribbel-, Finten- und Torschussübungen usw.

- Die nächste Übung ist anspruchsvoller und schult das beidbeinige Flankentraining.

Es werden 3 Gruppen gebildet, wobei die Positionen nach einiger Zeit getauscht werden. Die Spieler in der Mitte erhalten jeweils einen Ball. Der erste Spieler mit Ball spielt diesen in den Lauf des Flankengebers. Dieser durchdribbelt den Hütchenparcour, dribbelt weiter bis zur Toraußenlinie und flankt den Ball auf den mitgelaufenen Mittelspieler. Dieser versucht die Flanke zu verwerten. Jetzt erfolgt die nächste Flanke von der anderen Seite, usw.

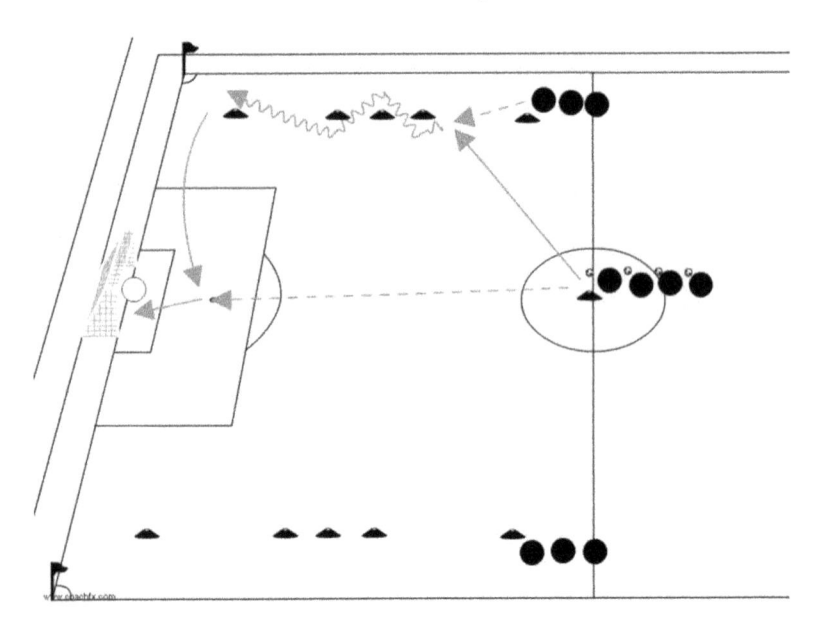

Literaturverzeichnis

Schnepper,W.: Bambini / F-Jugend 30 komplette Trainingseinheiten/Psyche im Kinderfußball, BOD 2020

Claßen, M. / Schnepper, W.:
Taktiktraining im Jugendfußball, BOD, 2011

Claßen, M. / Schnepper, W.:
Taktiktraining im Jugendfußball 2, BOD, 2012

Claßen, M. / Schnepper, W.:
Pressing mit System, BOD, 2012

Schnepper, W / Claßen, M:
Bambini / F-Jugendtraining: 20 Trainingseinheiten, BOD, 2013

Schnepper, W / Claßen, M:
F-Jugend / E-Jugendtraining: 20 komplette Trainingseinheiten, BOD, 2013

Schnepper, W / Claßen, M:
E-Jugend / D-Jugendtraining: effektive Übungen, BOD, 2014

Schnepper,W: Psyche im Kinderfußball, BOD, 2019
Pressing mit System, BOD, 2012

Notizen

Notizen

Notizen